# たすきに込めるふるさとへの思い

第21回　静岡県市町対抗駅伝競走大会
2020年12月5日(土)
スタート／10時00分・県庁本館前
フィニッシュ／草薙総合運動場陸上競技場
コース／12区間42・195km

気象／午前10時現在
天候●曇り
湿度●91%
気温●10.3℃
風向●北東
風力●2.5m/sec
気圧●1,024hPa

第21回静岡県市町対抗駅伝競走大会は2020年12月5日、県内全35市町37チームが参加し、静岡市内の12区間42.195キロのコースで行われた。市の部は今大会から南北2チームに再編された浜松市北部が、2時間10分49秒で初優勝。町の部は清水町が2時間14分59秒の大会新記録で2年連続2度目の優勝を果たした。人口1万5千人未満の市町を対象にした「ふるさと賞」は河津町が4年連続で受賞。敢闘賞は前回より記録を伸ばした三島市、御前崎市、下田市、松崎町、東伊豆町が選ばれた。

# 市の部 優勝

# 浜松市北部

**2時間10分49秒**

今大会から南北2チームに再編された浜松市北部は、トップと21秒差でたすきを受けた7区の杉浦蒼太（浜松北浜中3）が区間賞の走りで逆転。8区・安井友真里（浜松細江中3）も区間賞を獲得してリードを広げた。後続も区間上位の力走で、初優勝を決めた。

8区 安井 友真里（細江中3）

9区 鈴木 歩夢（赤佐小6）

10区 奥山 紗帆（浜松ホトニクス）

11区 古井 康介（浜松日体高2）

12区　鈴木 覚（スポーツタウンメイセイ）

1区 澤田 結弥（細江中3）

2区 柘植 源太（中川小5）

# 力走！新たな歴史刻む

7区 杉浦 蒼太（北浜中3）

6区 鈴木 建吾（エフ・シー・シー）

5区 牛 誠偉（浜松商高3）

4区 宮津 季亜来（浜松開誠館高3）

3区 和田 心（浜名小6）

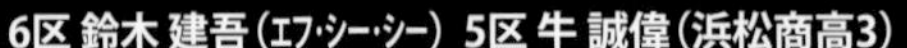

## 町の部 優勝

# 清水町

2時間14分59秒

清水町は4区の関美澪（白鵬女子高1）が7人抜きの区間新記録をマークし、町の部3位から首位に浮上。8区・世古凪沙（清水中2）、10区・森野夏歩（ユニクロ）、アンカー船越陸（日大3）も区間トップの好走を見せ、連覇を達成。大会新記録を打ち立てた。

8区 世古 凪沙（清水中2）

9区 塩崎 丈（清水南小6）

12区 船越 陸（日大3）

10区 森野 夏歩（ユニクロ）

11区 真野 幹大（加藤学園高2）

1区 齋藤 みう（伊豆中央高3）

2区 長橋 里空（清水西小6）

# 大会新記録で連覇達成

7区 関 律哉（清水中2）

6区 近藤 泉（西濃運輸）

5区 大井 陸翔（日大三島高3）

4区 関 美澪（白鵬女子高1）

3区 長谷川 木香（清水小5）

6区 平田 繁聡（自衛隊滝ヶ原）

5区 吉田 響（東海大翔洋高3）

4区 甲斐 星波（東海大翔洋高3）

3区 城 ひなた（御殿場小5）

2区 勝又 蒼弥（御殿場南小6）

1区 依田 来巳（東海大翔洋高3）

## 2位 御殿場市 2時間12分07秒

7区 馬場 陸翔（御殿場中3）

8区 長田 彩沙（御殿場中2）

9区 藤田 虎太郎（玉穂小6）

10区 中森 紗南（御殿場総合サービス）

11区 冨永 己太朗（暁秀高2）

12区 山下 伸一（自衛隊滝ヶ原）

## 市の部

御殿場市は1区・5区・6区で区間賞の走りを見せ、準Ｖを獲得。富士市はアンカー渡邉奏太（サンベルクス）が区間新の走りで3位に食い込み、チームベストを更新した。

6区 藤巻 耕太（セイセイトラフィック）

5区 山崎 兼吾（東海大翔洋高2）

4区 小山 和月（鷹岡中2）

3区 渡辺 はな乃（富士中央小6）

2区 後藤 立樹（須津小6）

1区 菅谷 茉生（常葉大菊川高3）

## 3位 富士市 2時間12分30秒

7区 辻 柊（富士南中3）

8区 半田 帆乃花（岩松中1）

9区 遠藤 蒼依（富士中央小5）

10区 小田 恵梨

11区 関 日向汰（東海大翔洋高1）

12区 渡邉 奏太（サンベルクス）

6区 中込 賢蔵(陸上自衛隊板妻)

5区 今村 勇輝(加藤学園高1)

4区 関口 楓花(長泉中2)

3区 東 夢芽明(長泉小6)

2区 大沼 晴瑠(長泉南小6)

1区 山田 葵(加藤学園高3)

## 2位 長泉町 2時間18分30秒

7区 小名 祐志(長泉中2)

8区 山口 紗英(長泉中2)

9区 大沼 慶汰(長泉南小5)

10区 古瀬 凪沙(御殿場西高講師)

11区 川村 駿斗(長泉中3)

12区 小林 翔大(自衛隊滝ヶ原)

長泉町はアンカー小林翔大(自衛隊滝ヶ原)が終盤にスパートをかけ、激しい2位争いを制した。
函南町は1区・2区で区間賞を獲得し、3位に入賞した。

6区 石井 俊也(函南RC)

5区 野田 大空(伊豆中央高2)

4区 小池 羽純(伊豆中央高3)

3区 露木 菜々美(函南小6)

2区 藤田 寛人(函南西小6)

1区 菅田 もも(日大三島高3)

## 3位 函南町 2時間18分33秒

7区 出田 義貴(函南東中3)

8区 斎藤 愛莉(函南東中3)

9区 井上 琥太郎(函南小5)

10区 渡邊 望帆(日大三島中高職)

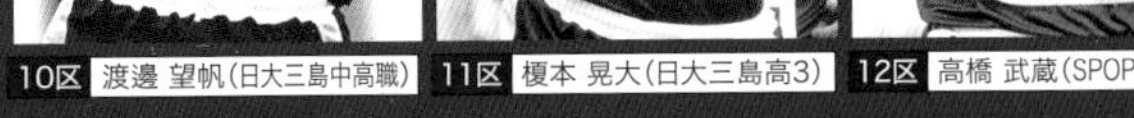

11区 榎本 晃大(日大三島高3)

12区 高橋 武蔵(SPOPIAシラトリ)

# レース展開・順位変動グラフ

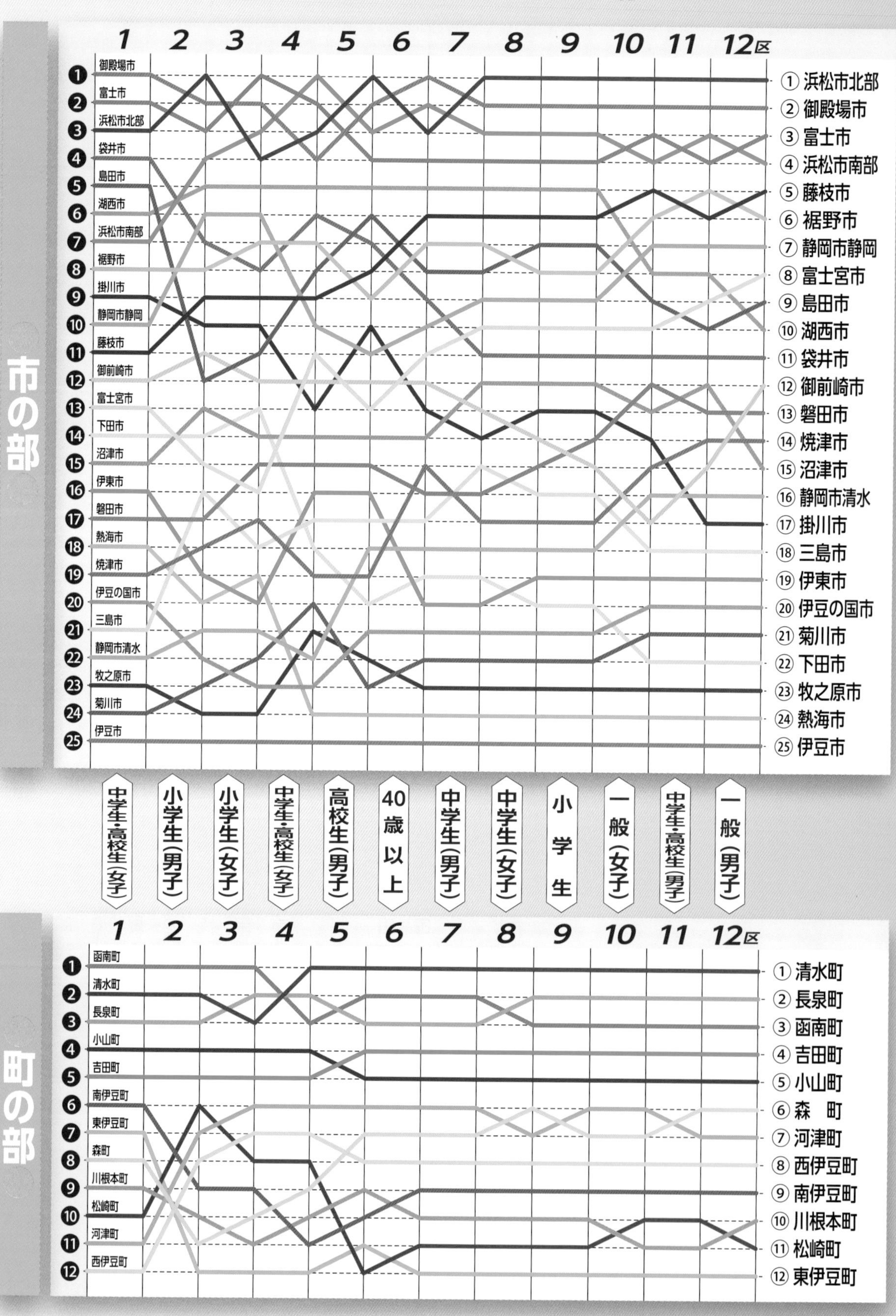

# 激走の跡

区間別のレース展開を写真とともに振り返る

CONTENTS



**第21回 県市町対抗駅伝競走スタート順**

| | | | | | | | | | | | | | |
|---|---|---|---|---|---|---|---|---|---|---|---|---|---|
| 1列目 | 29 松崎町 | 34 小山町 | 11 富士宮市 | 32 清水町 | 17 牧之原市 | 37 森町 | 8 裾野市 | 21 袋井市 | 24 浜松市南部 | 32 函南町 | 20 掛川市 | 25 湖西市 | 10 富士市 |
| 2列目 | 6 三島市 | 12 静岡市清水 | 4 伊豆市 | 5 伊豆の国市 | 15 藤枝市 | 2 伊東市 | 23 浜松市北部 | 26 東伊豆町 | 13 静岡市静岡 | 35 吉田町 | 16 島田市 | 1 熱海市 | 30 西伊豆町 |
| 3列目 | 22 磐田市 | 19 菊川市 | 28 南伊豆町 | 3 下田市 | 27 河津町 | 36 川根本町 | 7 御殿場市 | 18 御前崎市 | 14 焼津市 | 33 長泉町 | 9 沼津市 | | |

# 1区

島田市の町、湖西市の鬼頭、御殿場市の依田が先頭を争う。残り500mで町が仕掛けるが、依田も譲らずスパートを掛ける。町の部は函南町、清水町、長泉町が10秒以内にひしめく混戦に。

●町の部●
**菅田 もも**(函南町・日大三島高3)

●市の部●
**依田 来巳**(御殿場市・東海大静岡翔洋高3)

## ●市の部

| 順位 | チーム | 総合記録 | 走者名 | 所属 | 区間順位・記録 |
|---|---|---|---|---|---|
| 1 | 御殿場市 | 11'39" | 依田　来巳 | 東海大静岡翔洋高3 | ❶11'39" |
| 2 | 富士市 | 11'43" | 菅谷　茉生 | 常葉大菊川高3 | ②11'43" |
| 3 | 浜松市北部 | 11'44" | 澤田　結弥 | 細江中3 | ③11'44" |
| 4 | 袋井市 | 11'48" | 久野　桜彩 | 常葉大菊川高3 | ④11'48" |
| 5 | 島田市 | 11'49" | 町　碧海 | 常葉大菊川高3 | ⑤11'49" |
| 6 | 湖西市 | 11'49" | 鬼頭このみ | 山梨学院高3 | ⑥11'49" |
| 7 | 浜松市南部 | 11'51" | 太田　実優 | 袋井商高3 | ⑦11'51" |
| 8 | 裾野市 | 12'08" | 勝呂　遥香 | 裾野東中2 | ⑧12'08" |
| 9 | 掛川市 | 12'09" | 眞田　木葉 | 浜松商高3 | ⑨12'09" |
| 10 | 静岡市静岡 | 12'14" | 舞谷　恵 | 常葉大菊川高3 | ⑩12'14" |
| 11 | 藤枝市 | 12'15" | 増田　七菜 | 西益津中2 | ⑪12'15" |
| 12 | 御前崎市 | 12'20" | 沖　千都 | 常葉大菊川高2 | ⑫12'20" |
| 13 | 富士宮市 | 12'29" | 島袋あゆみ | 富士宮北高3 | ⑬12'29" |
| 14 | 下田市 | 12'42" | 菊地　菜央 | 下田高2 | ⑭12'42" |
| 15 | 沼津市 | 12'42" | 小澤　心羽 | 日大三島高1 | ⑮12'42" |
| 16 | 伊東市 | 12'45" | 守塚　梨奈 | 知徳高2 | ⑯12'45" |
| 17 | 磐田市 | 13'01" | 蜂須賀夕來 | 城山中3 | ⑰13'01" |
| 18 | 熱海市 | 13'04" | 加藤　佳怜 | 三島北高1 | ⑱13'04" |
| 19 | 焼津市 | 13'10" | 青野　未翔 | 常葉大菊川高2 | ⑲13'10" |
| 20 | 伊豆の国市 | 13'15" | 秋山ことね | 三島北高1 | ⑳13'15" |
| 21 | 三島市 | 13'16" | 濱村　心媛 | 伊豆中央高2 | ㉑13'16" |
| 22 | 静岡市清水 | 13'16" | 岩﨑　茉奈 | 東海大静岡翔洋高1 | ㉒13'16" |
| 23 | 牧之原市 | 13'23" | 河原崎姫花 | 東海大静岡翔洋高3 | ㉓13'23" |
| 24 | 菊川市 | 13'35" | 平野　楓奈 | 菊川東中3 | ㉔13'35" |
| 25 | 伊豆市 | 15'12" | 水口　琉花 | 修善寺中1 | ㉕15'12" |

## ●町の部

| 順位 | チーム | 総合記録 | 走者名 | 所属 | 区間順位・記録 |
|---|---|---|---|---|---|
| 1 | 函南町 | 11'55" | 菅田　もも | 日大三島高3 | ❶11'55" |
| 2 | 清水町 | 11'59" | 齋藤　みう | 伊豆中央高3 | ②11'59" |
| 3 | 長泉町 | 12'04" | 山田　葵 | 加藤学園高3 | ③12'04" |
| 4 | 小山町 | 12'16" | 妹尾　晴華 | 東海大静岡翔洋高2 | ④12'16" |
| 5 | 吉田町 | 12'41" | 市川　梨愛 | 常葉大菊川高1 | ⑤12'41" |
| 6 | 南伊豆町 | 13'19" | 遠藤　雫 | 南伊豆中1 | ⑥13'19" |
| 7 | 東伊豆町 | 13'20" | 山田　ゆい | 下田高2 | ⑦13'20" |
| 8 | 森町 | 13'22" | 大場　来夢 | 常葉大菊川高2 | ⑧13'22" |
| 9 | 川根本町 | 13'24" | 澤本こころ | 中川根中2 | ⑨13'24" |
| 10 | 松崎町 | 13'24" | 矢野　優歌 | 下田高1 | ⑩13'24" |
| 11 | 河津町 | 13'42" | 酒井　涼帆 | 河津中3 | ⑪13'42" |
| 12 | 西伊豆町 | 13'55" | 朝倉　陽菜 | 西伊豆中2 | ⑫13'55" |

**区間最高記録**
市の部● **11分21秒　鈴木　颯夏**(静岡市静岡A・第17回大会)
町の部● **11分47秒　宮下　りの**(清水町・第19回大会)

浜松市北部の柘植が区間賞の快走を見せ、御殿場市の勝又、富士市の後藤を抜いてトップに。静岡市静岡は永嶋が6人抜きの力走で6位に浮上。町の部は函南町の藤田が区間賞の走りで首位に立った。

●町の部●
**藤田 寛人**（函南町・函南西小6）

●市の部●
**柘植 源太**（浜松市北部・中川小5）

## ●市の部

| 順位 | チーム | 総合記録 | 走者名 | 所属 | 区間順位・記録 |
|---|---|---|---|---|---|
| 1 | 浜松市北部 | 17'41" | 柘植　源太 | 中川小5 | 1 5'57" |
| 2 | 御殿場市 | 17'43" | 勝又　蒼弥 | 御殿場南小6 | ⑤ 6'04" |
| 3 | 富士市 | 17'46" | 後藤　立樹 | 須津小6 | ④ 6'03" |
| 4 | 浜松市南部 | 17'53" | 齋藤　操汰 | 大瀬小6 | ③ 6'02" |
| 5 | 湖西市 | 17'59" | 石川　直仁 | 鷲津小6 | ⑦ 6'10" |
| 6 | 静岡市静岡 | 18'14" | 永嶋　駿樹 | 安東小6 | ② 6'00" |
| 7 | 袋井市 | 18'14" | 中山　結基 | 山名小6 | ⑯ 6'26" |
| 8 | 裾野市 | 18'24" | 鈴木　玲央 | 富岡第二小6 | ⑪ 6'16" |
| 9 | 藤枝市 | 18'29" | 市川　太羅 | 葉梨小6 | ⑨ 6'14" |
| 10 | 掛川市 | 18'37" | 山本　正人 | 掛川第二小6 | ⑰ 6'28" |
| 11 | 御前崎市 | 18'41" | 長島　駆流 | 御前崎第一小6 | ⑭ 6'21" |
| 12 | 島田市 | 18'45" | 山谷　凛大 | 初倉南小6 | ㉕ 6'56" |
| 13 | 沼津市 | 18'54" | 大沼　光琉 | 沼津第五小6 | ⑧ 6'12" |
| 14 | 下田市 | 18'59" | 小川　優人 | 下田小6 | ⑫ 6'17" |
| 15 | 富士宮市 | 19'08" | 嶋崎　龍希 | 柚野小6 | ㉑ 6'39" |
| 16 | 三島市 | 19'23" | 田中　謙成 | 向山小6 | ⑥ 6'07" |
| 17 | 磐田市 | 19'23" | 藤井　拓輝 | 磐田西小6 | ⑮ 6'22" |
| 18 | 焼津市 | 19'24" | 佐久間　想 | 豊田小6 | ⑨ 6'14" |
| 19 | 伊東市 | 19'34" | 中道　空 | 伊東東小5 | ㉓ 6'49" |
| 20 | 熱海市 | 19'46" | 石田璃久登 | 熱海第二小4 | ㉒ 6'42" |
| 21 | 静岡市清水 | 19'52" | 岡田　昊 | 清水辻小6 | ⑲ 6'36" |
| 22 | 伊豆の国市 | 19'53" | 水口　将希 | 長岡南小6 | ⑳ 6'38" |
| 23 | 菊川市 | 19'54" | 齋藤　隆太 | 河城小6 | ⑬ 6'19" |
| 24 | 牧之原市 | 19'55" | 西山　賢志 | 細江小6 | ⑱ 6'32" |
| 25 | 伊豆市 | 22'07" | 佐藤　優志 | 土肥小中一貫5 | ㉔ 6'55" |

## ●町の部

| 順位 | チーム | 総合記録 | 走者名 | 所属 | 区間順位・記録 |
|---|---|---|---|---|---|
| 1 | 函南町 | 17'59" | 藤田　寛人 | 函南西小6 | 1 6'04" |
| 2 | 清水町 | 18'18" | 長橋　里空 | 清水西小6 | ④ 6'19" |
| 3 | 長泉町 | 18'22" | 大沼　晴瑠 | 長泉南小6 | ③ 6'18" |
| 4 | 小山町 | 18'51" | 岩田　拓也 | 北郷小6 | ⑦ 6'35" |
| 5 | 吉田町 | 19'07" | 原田　空也 | 中央小6 | ⑤ 6'26" |
| 6 | 松崎町 | 20'03" | 山﨑　拳慎 | 松崎小6 | ⑧ 6'39" |
| 7 | 河津町 | 20'10" | 島田　隼弥 | 河津南小6 | ⑥ 6'28" |
| 8 | 西伊豆町 | 20'11" | 井堀　玲音 | 賀茂小6 | ② 6'16" |
| 9 | 南伊豆町 | 20'14" | 山本　啓太 | 南中小6 | ⑩ 6'55" |
| 10 | 川根本町 | 20'18" | 澤本　健太 | 中川根南部小6 | ⑨ 6'54" |
| 11 | 森町 | 20'21" | 野口　登暉 | 森小6 | ⑪ 6'59" |
| 12 | 東伊豆町 | 20'27" | 山﨑　洸 | 稲取小6 | ⑫ 7'07" |

**区間最高記録**
市の部● **5分49秒　平尾　拓煌**（掛川市・第19回大会）
町の部● **5分59秒　千葉　仁人**（小山町・第19回大会）

## 二之丸橋～草深橋～長谷通り（西草深町東交差点） 1.715㎞ ●小学生（女子）● 3区

たすきリレー直後に富士市の渡辺が先頭を奪う。御殿場市、浜松市南部、浜松市北部も絡んで首位争いは混戦に。町の部は函南町の露木が首位をキープ。長泉町の東、清水町の長谷川が僅差で後を追う。

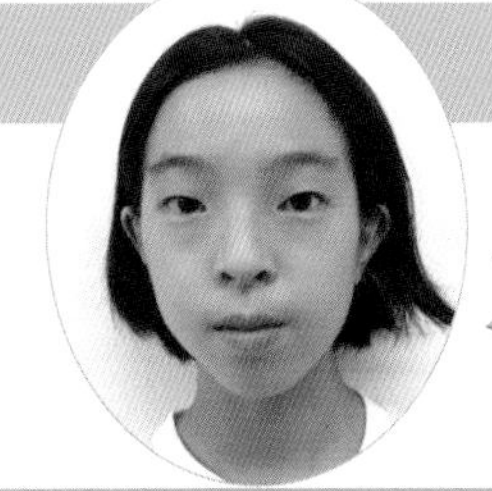

●町の部●
東 夢芽明（長泉町・長泉小6）

●市の部●
大杉 彩稀（浜松市南部・豊西小6）

## ●市の部

| 順位 | チーム | 総合記録 | 走者名 | 所属 | 区間順位・記録 |
|---|---|---|---|---|---|
| ❶ | 富士市 | 23'21" | 渡辺はな乃 | 富士中央小6 | ② 5'35" |
| ❷ | 御殿場市 | 23'24" | 城 ひなた | 御殿場小5 | ④ 5'41" |
| ❸ | 浜松市南部 | 23'25" | 大杉 彩稀 | 豊西小6 | ❶ 5'32" |
| ❹ | 浜松市北部 | 23'30" | 和田 心 | 浜名小6 | ⑧ 5'49" |
| ❺ | 湖西市 | 24'02" | 久島 結希 | 新居小6 | ⑲ 6'03" |
| ❻ | 静岡市静岡 | 24'09" | 折山 千夏 | 服織小6 | ⑫ 5'55" |
| ❼ | 裾野市 | 24'09" | 浦山 美咲 | 千福が丘小5 | ⑤ 5'45" |
| ❽ | 袋井市 | 24'14" | 佐田元寧々 | 袋井北小6 | ⑯ 6'00" |
| ❾ | 藤枝市 | 24'25" | 原木 莉那 | 藤枝小6 | ⑭ 5'56" |
| ❿ | 掛川市 | 24'30" | 佐川 智咲 | 城北小6 | ⑪ 5'53" |
| ⓫ | 島田市 | 24'47" | 又平 藍寧 | 六合東小6 | ⑱ 6'02" |
| ⓬ | 御前崎市 | 24'48" | 内田あおい | 浜岡北小6 | ㉑ 6'07" |
| ⓭ | 下田市 | 24'59" | 佐久間結渚 | 大賀茂小6 | ⑯ 6'00" |
| ⓮ | 沼津市 | 25'10" | 木部 美織 | 門池小6 | ㉓ 6'16" |
| ⓯ | 磐田市 | 25'10" | 大庭菜南美 | 豊田南小6 | ⑦ 5'47" |
| ⓰ | 富士宮市 | 25'13" | 佐野 美涼 | 富士見小5 | ⑳ 6'05" |
| ⓱ | 焼津市 | 25'19" | 青野 愛琉 | 大井川東小6 | ⑫ 5'55" |
| ⓲ | 三島市 | 25'22" | 渡邉 心結 | 山田小5 | ⑮ 5'59" |
| ⓳ | 熱海市 | 25'25" | ヘリヤー理紗 | 網代小6 | ③ 5'39" |
| ⓴ | 伊東市 | 25'25" | 平田 栞 | 八幡野小6 | ⑨ 5'51" |
| ㉑ | 静岡市清水 | 25'37" | 前澤 琉音 | 清水浜田小6 | ⑤ 5'45" |
| ㉒ | 菊川市 | 25'45" | 鈴木 愛理 | 加茂小6 | ⑨ 5'51" |
| ㉓ | 伊豆の国市 | 26'05" | 齋藤 羽音 | 韮山南小6 | ㉒ 6'12" |
| ㉔ | 牧之原市 | 26'12" | 山﨑 美空 | 川崎小6 | ㉔ 6'17" |
| ㉕ | 伊豆市 | 28'51" | 山田 南実 | 修善寺南小6 | ㉕ 6'44" |

## ●町の部

| 順位 | チーム | 総合記録 | 走者名 | 所属 | 区間順位・記録 |
|---|---|---|---|---|---|
| ❶ | 函南町 | 24'05" | 露木菜々美 | 函南小6 | ⑥ 6'06" |
| ❷ | 長泉町 | 24'11" | 東 夢芽明 | 長泉小6 | ❶ 5'49" |
| ❸ | 清水町 | 24'12" | 長谷川木香 | 清水小5 | ② 5'54" |
| ❹ | 小山町 | 24'47" | 荒井 美優 | 須走小6 | ③ 5'56" |
| ❺ | 吉田町 | 25'16" | 近藤 芽衣 | 自彊小6 | ⑦ 6'09" |
| ❻ | 河津町 | 26'13" | 酒井 鈴奈 | 河津南小6 | ④ 6'03" |
| ❼ | 西伊豆町 | 26'16" | 堤 月姫 | 仁科小6 | ⑤ 6'05" |
| ❽ | 松崎町 | 26'19" | 小鹿 美羽 | 松崎小4 | ⑧ 6'16" |
| ❾ | 南伊豆町 | 26'33" | 遠藤 汐 | 南中小5 | ⑨ 6'19" |
| ❿ | 森町 | 26'45" | 田村 蓮姫 | 森小4 | ⑩ 6'24" |
| ⓫ | 川根本町 | 26'58" | 坂口 月美 | 中央小6 | ⑪ 6'40" |
| ⓬ | 東伊豆町 | 27'25" | 藤邉 妙果 | 稲取小6 | ⑫ 6'58" |

**区間最高記録**
市の部● 5分18秒 細谷 愛子（静岡市静岡A・第17回大会）
町の部● 5分43秒 世古 凪沙（清水町・第19回大会）

# 4区

浜松市南部の兼子が先頭集団を抜け出し、続く富士市の小山が17秒差で首位に食らいつく。町の部は清水町の関が7人抜きで区間新記録。トップに立ち、2位の長泉町との差を54秒に広げた。

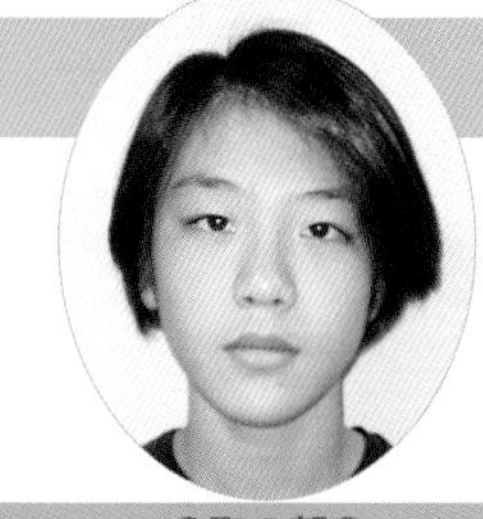

●町の部●
**関 美澪**（清水町・白鵬女子高1）

●市の部●
**兼子 心晴**（浜松市南部・浜松市立高2）

## ●市の部

| 順位 | チーム | 総合記録 | 走者名 | 所 属 | 区間順位・記録 | |
|---|---|---|---|---|---|---|
| ❶ | 浜松市南部 | 34'39" | 兼子　心晴 | 浜松市立高2 | ❶11'14" | タイ |
| ❷ | 富士市 | 34'56" | 小山　和月 | 鷹岡中2 | ②11'35" | |
| ❸ | 浜松市北部 | 35'17" | 宮津季亜来 | 浜松開誠館高3 | ③11'47" | |
| ❹ | 御殿場市 | 35'27" | 甲斐　星波 | 東海大静岡翔洋高3 | ⑤12'03" | |
| ❺ | 湖西市 | 36'28" | 鈴木　笑理 | 常葉大菊川高3 | ⑨12'26" | |
| ❻ | 袋井市 | 36'29" | 田添　星来 | 浜松開誠館高1 | ⑦12'15" | |
| ❼ | 裾野市 | 36'33" | 廣瀬　楓 | 伊豆中央高2 | ⑧12'24" | |
| ❽ | 島田市 | 36'40" | 田島　愛理 | 静岡サレジオ高1 | ④11'53" | |
| ❾ | 藤枝市 | 36'55" | 清水　美月 | 葉梨中3 | ⑪12'30" | |
| ❿ | 静岡市静岡 | 37'17" | 小野田真歩 | 常葉大菊川高2 | ⑳13'08" | |
| ⓫ | 富士宮市 | 37'21" | 藤田　咲良 | 日大三島高1 | ⑥12'08" | |
| ⓬ | 御前崎市 | 37'22" | 漢人ひかり | 浜岡中1 | ⑫12'34" | |
| ⓭ | 掛川市 | 37'22" | 渥美　和葉 | 小笠高2 | ⑰12'52" | |
| ⓮ | 沼津市 | 37'36" | 三須友理香 | 沼津東高1 | ⑨12'26" | |
| ⓯ | 磐田市 | 37'45" | 中村　環菜 | 豊岡中2 | ⑬12'35" | |
| ⓰ | 伊東市 | 38'02" | 肥田ひより | 伊豆中央高1 | ⑭12'37" | |
| ⓱ | 三島市 | 38'04" | 出雲　千聖 | 韮山高1 | ⑮12'42" | |
| ⓲ | 下田市 | 38'15" | 高橋　夢花 | 下田中2 | ㉒13'16" | |
| ⓳ | 焼津市 | 38'23" | 蝦名　花菜 | 藤枝東高2 | ⑱13'04" | |
| ⓴ | 菊川市 | 38'52" | 赤堀　光 | 常葉大菊川高1 | ⑲13'07" | |
| ㉑ | 牧之原市 | 39'02" | 吉塲　深月 | 榛原中3 | ⑯12'50" | |
| ㉒ | 静岡市清水 | 39'15" | 石田なつほ | 静岡東高3 | ㉓13'38" | |
| ㉓ | 伊豆の国市 | 39'19" | 鈴木　彩夏 | 大仁中3 | ㉑13'14" | |
| ㉔ | 熱海市 | 39'34" | 古株　麻衣 | 熱海中3 | ㉔14'09" | |
| ㉕ | 伊豆市 | 44'21" | 菊地はるか | 中伊豆中3 | ㉕15'30" | |

## ●町の部

| 順位 | チーム | 総合記録 | 走者名 | 所 属 | 区間順位・記録 | |
|---|---|---|---|---|---|---|
| ❶ | 清水町 | 35'12" | 関　美澪 | 白鵬女子高1 | ❶11'00" | 新 |
| ❷ | 長泉町 | 36'06" | 関口　楓花 | 長泉中2 | ③11'55" | |
| ❸ | 函南町 | 36'18" | 小池　羽純 | 伊豆中央高3 | ④12'13" | |
| ❹ | 小山町 | 36'34" | 千葉　妃華 | 東海大静岡翔洋高1 | ②11'47" | |
| ❺ | 吉田町 | 38'45" | 藤田　萌香 | 東海大静岡翔洋高1 | ⑤13'29" | |
| ❻ | 河津町 | 40'00" | 木下小百合 | 下田高2 | ⑥13'47" | |
| ❼ | 西伊豆町 | 40'18" | 長島　柚衣 | 賀茂中2 | ⑨14'02" | |
| ❽ | 松崎町 | 40'29" | 齋藤　百花 | 松崎中1 | ⑩14'10" | |
| ❾ | 森町 | 40'39" | 村松　由菜 | 磐田南高1 | ⑧13'54" | |
| ❿ | 川根本町 | 40'49" | 村松　明美 | 本川根中1 | ⑦13'51" | |
| ⓫ | 南伊豆町 | 41'26" | 彑々　みな | 南伊豆東中3 | ⑪14'53" | |
| ⓬ | 東伊豆町 | 43'05" | 山本ゆりか | 熱川中2 | ⑫15'40" | |

**区間最高記録**

市の部● **11分14秒**　**兼子　心晴**（浜松市南部・第21回大会）
**細谷　愛子**（静岡市静岡・第19回大会）
町の部● **11分00秒**　**関　美澪**（清水町・第21回大会）

先頭を走る浜松市南部の秋山を、浜松市北部の牛、御殿場市の吉田が追う。残り約800mで2人が秋山を捉え、スパートをかけた牛がトップに。町の部1位の清水町・大井は2位以下との差をさらに広げた。

●町の部●
杉浦 柊人（吉田町・藤枝明誠高1）

●市の部●
吉田 響（御殿場市・東海大静岡翔洋高3）

## ●市の部

| 順位 | チーム | 総合記録 | 走者名 | 所 属 | 区間順位・記録 | |
|---|---|---|---|---|---|---|
| ❶ | 浜松市北部 | 55'13" | 牛 誠偉 | 浜松商高3 | ②19'56" | |
| ❷ | 御殿場市 | 55'14" | 吉田 響 | 東海大静岡翔洋高3 | ❶19'47" | |
| ❸ | 浜松市南部 | 55'20" | 秋山 滉貴 | 浜松西高3 | ⑦20'41" | |
| ❹ | 富士市 | 56'09" | 山崎 兼吾 | 東海大静岡翔洋高2 | ⑬21'13" | |
| ❺ | 湖西市 | 56'34" | 尾﨑 健斗 | 浜松商高3 | ③20'06" | |
| ❻ | 島田市 | 57'13" | 杉本 訓也 | 島田高3 | ⑤20'33" | |
| ❼ | 袋井市 | 57'23" | 小林 丈留 | 浜松工高2 | ⑩20'54" | |
| ❽ | 藤枝市 | 57'25" | 小林 大祐 | 島田高3 | ④20'30" | |
| ❾ | 裾野市 | 57'31" | 髙沼 一颯 | 藤枝明誠高3 | ⑫20'58" | |
| ❿ | 掛川市 | 58'13" | 松浦 海瑠 | 浜松西高2 | ⑧20'51" | |
| ⓫ | 静岡市静岡 | 58'13" | 千々岩 暁 | 藤枝明誠高1 | ⑪20'56" | |
| ⓬ | 御前崎市 | 58'14" | 伊藤 大晴 | 島田高3 | ⑨20'52" | |
| ⓭ | 富士宮市 | 58'51" | 平島 海愛 | 富士宮北高2 | ⑭21'30" | |
| ⓮ | 沼津市 | 59'19" | 内野 裕介 | 加藤学園高3 | ⑱21'43" | |
| ⓯ | 磐田市 | 59'25" | 鈴木 陽道 | 浜松商高2 | ⑰21'40" | |
| ⓰ | 伊東市 | 59'37" | 村上 歩夢 | 日大三島高1 | ⑮21'35" | |
| ⓱ | 三島市 | 59'47" | 杉山 恭平 | 韮山高1 | ⑱21'43" | |
| ⓲ | 静岡市清水 | 59'51" | 兵藤ジュダ | 東海大静岡翔洋高2 | ⑥20'36" | |
| ⓳ | 焼津市 | 59'59" | 松村龍之介 | 藤枝明誠高3 | ⑯21'36" | |
| ⓴ | 下田市 | 1°01'05" | 佐藤 匠瑛 | 藤枝明誠高2 | ㉓22'50" | |
| ㉑ | 伊豆の国市 | 1°01'14" | 大嶽 昂士 | 伊豆中央高2 | ⑳21'55" | |
| ㉒ | 牧之原市 | 1°01'17" | 櫻井 健人 | 常葉大菊川高3 | ㉑22'15" | |
| ㉓ | 菊川市 | 1°01'19" | 清水 佑介 | 藤枝明誠高3 | ㉒22'27" | |
| ㉔ | 熱海市 | 1°03'29" | 小竹 淳平 | 三島北高2 | ㉕23'55" | |
| ㉕ | 伊豆市 | 1°07'31" | 勝呂 英太 | 韮山高2 | ㉔23'10" | |

## ●町の部

| 順位 | チーム | 総合記録 | 走者名 | 所 属 | 区間順位・記録 | |
|---|---|---|---|---|---|---|
| ❶ | 清水町 | 56'36" | 大井 陸翔 | 日大三島高3 | ③21'24" | |
| ❷ | 函南町 | 57'38" | 野田 大空 | 伊豆中央高2 | ②21'20" | |
| ❸ | 長泉町 | 59'24" | 今村 勇輝 | 加藤学園高1 | ⑧23'18" | |
| ❹ | 吉田町 | 59'29" | 杉浦 柊人 | 藤枝明誠高1 | ❶20'44" | 新 |
| ❺ | 小山町 | 1°00'31" | 岩田 大和 | 沼津東高1 | ⑪23'57" | |
| ❻ | 河津町 | 1°01'44" | 正木 楓 | 藤枝明誠高3 | ⑤21'44" | |
| ❼ | 森町 | 1°02'16" | 鈴木 一平 | 浜松日体高1 | ④21'37" | |
| ❽ | 西伊豆町 | 1°02'30" | 加藤 月永 | 加藤学園高3 | ⑥22'12" | |
| ❾ | 川根本町 | 1°04'14" | 向島 央 | 御殿場西高2 | ⑨23'25" | |
| ❿ | 南伊豆町 | 1°04'51" | 山田 晴翔 | 韮山高1 | ⑨23'25" | |
| ⓫ | 東伊豆町 | 1°05'38" | 鈴木 政史 | 稲取高3 | ⑦22'33" | |
| ⓬ | 松崎町 | 1°05'50" | 関 公貴 | 松崎高2 | ⑫25'21" | |

**区間最高記録**
市の部● 19分20秒 吉田 響（御殿場市・第20回大会）
町の部● 20分44秒 杉浦 柊人（吉田町・第21回大会）

御殿場市の平田が混戦を抜け出し、続く浜松市南部の髙木、浜松市北部の鈴木が激しく競り合う展開に。町の部は清水町の近藤が首位をキープ。南伊豆町の鈴木が区間新をマークした。

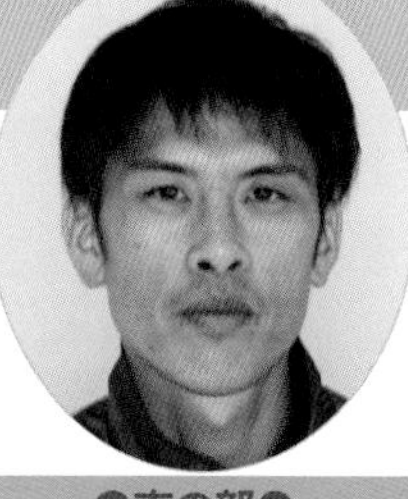

●町の部●
**鈴木 護弘**（南伊豆町・下田OA）

●市の部●
**平田 繁聡**（御殿場市・陸上自衛隊滝ケ原）

## ●市の部

| 順位 | チーム | 総合記録 | 走者名 | 所属 | 区間順位・記録 | |
|---|---|---|---|---|---|---|
| ❶ | 御殿場市 | 1°06'58" | 平田 繁聡 | 陸上自衛隊滝ヶ原駐屯地 | ❶11'44" | |
| ❷ | 浜松市南部 | 1°07'16" | 髙木 大 | J&Hジャパン | ③11'56" | |
| ❸ | 浜松市北部 | 1°07'19" | 鈴木 建吾 | エフ・シー・シー | ⑤12'06" | |
| ❹ | 富士市 | 1°08'15" | 藤巻 耕太 | セイセイトラフィック | ⑤12'06" | |
| ❺ | 湖西市 | 1°08'53" | 飯田 涼平 | スズキ | ⑪12'19" | |
| ❻ | 藤枝市 | 1°09'32" | 石上 真吾 | 藤枝市役所 | ⑧12'07" | |
| ❼ | 裾野市 | 1°09'45" | 山中嶋秀和 | トヨタ自動車 | ⑨12'14" | |
| ❽ | 島田市 | 1°09'54" | 粕谷 悠 | 島田高教諭 | ⑭12'41" | |
| ❾ | 袋井市 | 1°10'17" | 渡部 直矢 | 袋井市役所 | ⑰12'54" | |
| ❿ | 静岡市静岡 | 1°10'29" | 古屋 仁浩 | TKナイン | ⑩12'16" | |
| ⓫ | 富士宮市 | 1°10'43" | 大久保明彦 | 田子の浦埠頭 | ②11'52" | |
| ⓬ | 御前崎市 | 1°11'18" | 榎田 勇人 | 中部電力 | ㉒13'04" | |
| ⓭ | 掛川市 | 1°11'19" | 森田 尚史 | 山下工業研究所 | ㉓13'06" | |
| ⓮ | 沼津市 | 1°11'46" | 西村 博光 | 三島信用金庫 | ⑫12'27" | |
| ⓯ | 焼津市 | 1°12'05" | 坂下 哲也 | ROUND5 | ⑤12'06" | |
| ⓰ | 磐田市 | 1°12'16" | 鈴木 清志 | 浜松ホトニクス | ⑯12'51" | |
| ⓱ | 三島市 | 1°12'20" | 江島 洋之 | 三島信用金庫 | ⑬12'33" | |
| ⓲ | 静岡市清水 | 1°12'47" | 川島 直輝 | Smiley Angel | ⑱12'56" | |
| ⓳ | 下田市 | 1°13'07" | 鈴木 勝弓 | 下田OA | ④12'02" | |
| ⓴ | 伊東市 | 1°13'36" | 千葉 俊和 | 東部特別支援学校教諭 | ㉕13'59" | |
| ㉑ | 伊豆の国市 | 1°14'01" | 橋口 博之 | 橋口商工社 | ⑮12'47" | |
| ㉒ | 菊川市 | 1°14'16" | 大橋 史佳 | ワイケーデザインリンク | ⑲12'57" | |
| ㉓ | 牧之原市 | 1°14'44" | 大澤 友裕 | 大石建材 | ㉔13'27" | |
| ㉔ | 熱海市 | 1°16'26" | 大石 真裕 | 熱海市役所 | ⑲12'57" | |
| ㉕ | 伊豆市 | 1°20'28" | 飯田 聡 | 飯田産業工作所 | ⑲12'57" | |

## ●町の部

| 順位 | チーム | 総合記録 | 走者名 | 所属 | 区間順位・記録 | |
|---|---|---|---|---|---|---|
| ❶ | 清水町 | 1°09'27" | 近藤 泉 | 西濃運輸 | ⑤12'51" | |
| ❷ | 函南町 | 1°11'25" | 石井 俊也 | 函南RC | ⑩13'47" | |
| ❸ | 長泉町 | 1°11'38" | 中込 賢蔵 | 陸上自衛隊板妻駐屯地 | ②12'14" | |
| ❹ | 吉田町 | 1°12'42" | 大山 宗則 | SMILEY ANGEL | ⑧13'13" | |
| ❺ | 小山町 | 1°13'12" | 綱村 尚昭 | 陸上自衛隊富士学校 | ③12'41" | |
| ❻ | 河津町 | 1°14'42" | 鳥澤 祐一 | 下田高教諭 | ⑥12'58" | |
| ❼ | 森町 | 1°15'02" | 天野 元文 | Honda浜松 | ④12'46" | |
| ❽ | 西伊豆町 | 1°16'07" | 井堀 浩央 | | ⑨13'37" | |
| ❾ | 南伊豆町 | 1°16'40" | 鈴木 護弘 | 下田OA | ❶11'49" | 新 |
| ❿ | 川根本町 | 1°18'36" | 山本 忠広 | グリーンホーム | ⑫14'22" | |
| ⓫ | 松崎町 | 1°18'56" | 武田 拓郎 | アンドーカーパーツ | ⑦13'06" | |
| ⓬ | 東伊豆町 | 1°19'55" | 内山 伸浩 | 熱川温泉病院 | ⑪14'17" | |

**区間最高記録**
市の部● **11分24秒 平田 繁聡**（御殿場市・第20回大会）
町の部● **11分49秒 鈴木 護弘**（南伊豆町・第21回大会）

# 7区

浜松市北部の杉浦が、先頭の御殿場市・馬場を猛追し、トップに躍り出た。4位の富士市も、3位・浜松市南部との差を5秒に詰める。町の部は函南町の出田と長泉町の小名が2位争いを展開した。

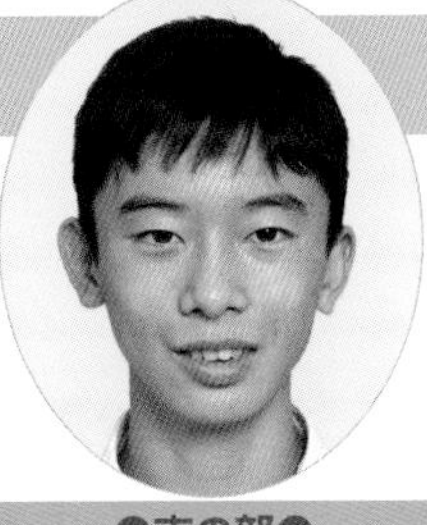

●町の部● 千葉 仁人（小山町・須走中2）　●市の部● 杉浦 蒼太（浜松市北部・北浜中3）

## ●市の部

| 順位 | チーム | 総合記録 | 走者名 | 所属 | 区間順位・記録 |
|---|---|---|---|---|---|
| ❶ | 浜松市北部 | 1°17'59" | 杉浦　蒼太 | 北浜中3 | ❶10'40" |
| ❷ | 御殿場市 | 1°18'21" | 馬場　陸翔 | 御殿場中3 | ⑨11'23" |
| ❸ | 浜松市南部 | 1°19'03" | 三輪　陸人 | 曳馬中3 | ⑳11'47" |
| ❹ | 富士市 | 1°19'08" | 辻　柊 | 富士南中3 | ③10'53" |
| ❺ | 湖西市 | 1°19'44" | 辻本　桜寿 | 浜松開誠館中3 | ②10'51" |
| ❻ | 藤枝市 | 1°20'34" | 内倉　聡大 | 岡部中3 | ⑤11'02" |
| ❼ | 裾野市 | 1°21'07" | 関野　大空 | 裾野東中3 | ⑧11'22" |
| ❽ | 島田市 | 1°21'18" | 大村　祐史 | 初倉中3 | ⑩11'24" |
| ❾ | 静岡市静岡 | 1°21'38" | 加藤　詩文 | 安東中3 | ⑦11'09" |
| ❿ | 富士宮市 | 1°21'41" | 渡邊　莉玖 | 富士根南中3 | ④10'58" |
| ⓫ | 袋井市 | 1°21'53" | 鈴木　丈暁 | 袋井南中2 | ⑭11'36" |
| ⓬ | 沼津市 | 1°22'51" | 木村　隆晴 | 今沢中2 | ⑥11'05" |
| ⓭ | 御前崎市 | 1°22'55" | 武田　悠佑 | 浜岡中3 | ⑮11'37" |
| ⓮ | 掛川市 | 1°23'10" | 中村　匠政 | 桜が丘中3 | ㉓11'51" |
| ⓯ | 三島市 | 1°23'51" | 江島　定芳 | 山田中2 | ⑫11'31" |
| ⓰ | 磐田市 | 1°23'53" | 鈴木　海登 | 豊田南中2 | ⑮11'37" |
| ⓱ | 焼津市 | 1°23'55" | 松永　昂也 | 豊田中3 | ㉒11'50" |
| ⓲ | 静岡市清水 | 1°24'41" | 望月那悠太 | 西奈中2 | ㉔11'54" |
| ⓳ | 下田市 | 1°24'56" | 小川　晴人 | 下田中2 | ㉑11'49" |
| ⓴ | 伊東市 | 1°25'07" | 鈴木　陽斗 | 伊東南中3 | ⑫11'31" |
| ㉑ | 伊豆の国市 | 1°25'43" | 山岸　永汰 | 韮山中2 | ⑰11'42" |
| ㉒ | 菊川市 | 1°26'02" | 井指　陸 | 菊川西中3 | ⑱11'46" |
| ㉓ | 牧之原市 | 1°26'30" | 大関　真宙 | 榛原中3 | ⑱11'46" |
| ㉔ | 熱海市 | 1°27'52" | 漆原　幹人 | 熱海中3 | ⑪11'26" |
| ㉕ | 伊豆市 | 1°32'45" | 今井　誉暁 | 修善寺中3 | ㉕12'17" |

## ●町の部

| 順位 | チーム | 総合記録 | 走者名 | 所属 | 区間順位・記録 |
|---|---|---|---|---|---|
| ❶ | 清水町 | 1°20'38" | 関　律哉 | 清水中2 | ③11'11" |
| ❷ | 函南町 | 1°22'39" | 出田　義貴 | 函南東中3 | ④11'14" |
| ❸ | 長泉町 | 1°22'48" | 小名　祐志 | 長泉中2 | ②11'10" |
| ❹ | 吉田町 | 1°24'08" | 岸端　悠友 | 吉田中2 | ⑤11'26" |
| ❺ | 小山町 | 1°24'10" | 千葉　仁人 | 須走中2 | ❶10'58" |
| ❻ | 河津町 | 1°27'17" | 稲葉　昊希 | 河津中1 | ⑪12'35" |
| ❼ | 森町 | 1°27'19" | 村松咲太郎 | 旭が丘中3 | ⑦12'17" |
| ❽ | 西伊豆町 | 1°28'29" | 宇都宮海斗 | 西伊豆中2 | ⑧12'22" |
| ❾ | 南伊豆町 | 1°29'17" | 藤原　健慎 | 南伊豆東中1 | ⑫12'37" |
| ❿ | 川根本町 | 1°30'44" | 鳥澤　圭佑 | 本川根中3 | ⑥12'08" |
| ⓫ | 松崎町 | 1°31'23" | 稲葉　大晴 | 松崎中3 | ⑩12'27" |
| ⓬ | 東伊豆町 | 1°32'19" | 八代　勇渡 | 熱川中2 | ⑨12'24" |

**区間最高記録**
市の部● 10分24秒　馬場　大翔（御殿場市・第20回大会）
町の部● 10分28秒　杉浦　柊人（吉田町・第20回大会）

浜松市北部の安井が2位・御殿場市との差を46秒に広げる。浜松市南部と富士市は3秒差で3位を激しく争った。清水町の世古は首位を維持。長泉町の山口が函南町を抜いて2位に浮上した。

●町の部●
**世古 凪沙**（清水町・清水中2）

●市の部●
**安井 友真里**（浜松市北部・細江中3）

## ●市の部

| 順位 | チーム | 総合記録 | 走者名 | 所属 | 区間順位・記録 |
|---|---|---|---|---|---|
| ❶ | 浜松市北部 | 1°28'24" | 安井友真里 | 細江中3 | ❶10'25" |
| ❷ | 御殿場市 | 1°29'10" | 長田　彩沙 | 御殿場中2 | ③10'49" |
| ❸ | 浜松市南部 | 1°30'22" | 鈴木結莉乃 | 開成中2 | ⑬11'19" |
| ❹ | 富士市 | 1°30'25" | 半田帆乃花 | 岩松中1 | ⑪11'17" |
| ❺ | 湖西市 | 1°31'16" | 髙野　夏梨 | 新居中3 | ⑱11'32" |
| ❻ | 藤枝市 | 1°31'45" | 富田紗也加 | 西益津中2 | ⑩11'11" |
| ❼ | 島田市 | 1°31'55" | 渡邉　華那 | 六合中3 | ②10'37" |
| ❽ | 裾野市 | 1°32'07" | 岡本姫渚乃 | 裾野東中3 | ⑤11'00" |
| ❾ | 静岡市静岡 | 1°32'30" | 民谷　玲奈 | 安東中3 | ④10'52" |
| ❿ | 富士宮市 | 1°32'42" | 藤田　紅良 | 北山中1 | ⑥11'01" |
| ⓫ | 袋井市 | 1°33'01" | 松澤　凜 | 袋井中1 | ⑨11'08" |
| ⓬ | 沼津市 | 1°33'57" | 大橋わかば | 金岡中2 | ⑦11'06" |
| ⓭ | 掛川市 | 1°34'30" | 戸塚　光梨 | 掛川西中2 | ⑭11'20" |
| ⓮ | 御前崎市 | 1°34'37" | 坂本未怜唯 | 浜岡中1 | ⑲11'42" |
| ⓯ | 磐田市 | 1°34'59" | 川島　さら | 竜洋中2 | ⑦11'06" |
| ⓰ | 三島市 | 1°35'08" | 武田　亜子 | 三島南中3 | ⑪11'17" |
| ⓱ | 焼津市 | 1°35'20" | 大須賀琴桃 | 大村中3 | ⑮11'25" |
| ⓲ | 静岡市清水 | 1°36'09" | 上井　彩世 | 清水第二中1 | ⑯11'28" |
| ⓳ | 伊東市 | 1°36'36" | 鈴木　美遥 | 対島中2 | ⑰11'29" |
| ⓴ | 下田市 | 1°37'14" | 土屋　絢加 | 下田東中1 | ㉒12'18" |
| ㉑ | 伊豆の国市 | 1°37'34" | 吉田　来百 | 長岡中3 | ㉑11'51" |
| ㉒ | 菊川市 | 1°37'44" | 赤堀　華 | 菊川東中3 | ⑲11'42" |
| ㉓ | 牧之原市 | 1°39'04" | 加藤　陽向 | 榛原中2 | ㉓12'34" |
| ㉔ | 熱海市 | 1°40'45" | 立見　有佑 | 熱海中1 | ㉔12'53" |
| ㉕ | 伊豆市 | 1°46'17" | 伊郷　若葉 | 中伊豆中3 | ㉕13'32" |

## ●町の部

| 順位 | チーム | 総合記録 | 走者名 | 所属 | 区間順位・記録 |
|---|---|---|---|---|---|
| ❶ | 清水町 | 1°31'33" | 世古　凪沙 | 清水中2 | ❶10'55" |
| ❷ | 長泉町 | 1°33'44" | 山口　紗英 | 長泉中2 | ②10'56" |
| ❸ | 函南町 | 1°33'51" | 斎藤　愛莉 | 函南東中3 | ④11'12" |
| ❹ | 吉田町 | 1°35'13" | 磯崎　心音 | 吉田中2 | ③11'05" |
| ❺ | 小山町 | 1°36'16" | モア　綺蘭 | 須走中2 | ⑥12'06" |
| ❻ | 森町 | 1°39'08" | 今村　合花 | 旭が丘中1 | ⑤11'49" |
| ❼ | 河津町 | 1°39'34" | 金指　星来 | 河津中1 | ⑦12'17" |
| ❽ | 西伊豆町 | 1°41'05" | 藤井　美海 | 賀茂中1 | ⑧12'36" |
| ❾ | 南伊豆町 | 1°42'27" | 渡邉　結 | 南伊豆中1 | ⑪13'10" |
| ❿ | 川根本町 | 1°43'38" | 森脇詩央梨 | 中川根中2 | ⑨12'54" |
| ⓫ | 松崎町 | 1°44'19" | 稲葉　友香 | 松崎中2 | ⑩12'56" |
| ⓬ | 東伊豆町 | 1°45'34" | 細川　優愛 | 熱川中1 | ⑫13'15" |

**区間最高記録**
市の部● **9分38秒　木村　友香**（静岡市静岡A・第9回大会）
町の部● **10分09秒　柴田　理奈**（新居町・第6回大会）

# 清水清見潟公園～榊屋　1.619㎞ ●小学生● 9区

1位は浜松市北部の鈴木が、2位は御殿場市の藤田がそれぞれ順位をキープ。浜松市南部の門奈が区間賞の走りで、富士市の遠藤を振り切る。町の部に変動はなく、河津町の村尾が区間賞を獲得した。

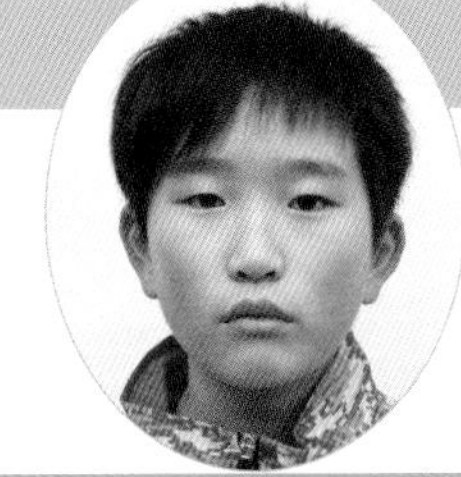

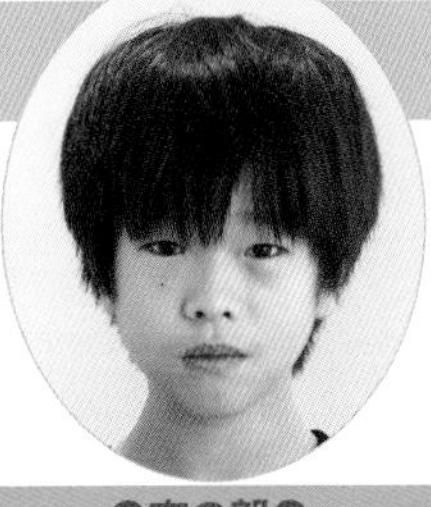

●町の部●
村尾 奏空（河津町・河津南小6）

●市の部●
門奈 正太郎（浜松市南部・笠井小6）

## ●市の部

| 順位 | チーム | 総合記録 | 走者名 | 所属 | 区間順位・記録 |
|---|---|---|---|---|---|
| ❶ | 浜松市北部 | 1°33'49" | 鈴木 歩夢 | 赤佐小6 | ④ 5'25" |
| ❷ | 御殿場市 | 1°34'37" | 藤田虎太郎 | 玉穂小6 | ⑤ 5'27" |
| ❸ | 浜松市南部 | 1°35'36" | 門奈正太郎 | 笠井小6 | ❶ 5'14" |
| ❹ | 富士市 | 1°35'49" | 遠藤 蒼依 | 富士中央小5 | ③ 5'24" |
| ❺ | 湖西市 | 1°36'49" | 金田 煌白 | 岡崎小5 | ⑥ 5'33" |
| ❻ | 藤枝市 | 1°37'24" | 美澤 央佑 | 広幡小5 | ⑪ 5'39" |
| ❼ | 島田市 | 1°37'36" | 鈴木 雫 | 島田第二小5 | ⑫ 5'41" |
| ❽ | 裾野市 | 1°37'49" | 片岡 航大 | 深良小5 | ⑭ 5'42" |
| ❾ | 静岡市静岡 | 1°38'03" | フレッチャー海斗 | 東源台小6 | ⑥ 5'33" |
| ❿ | 富士宮市 | 1°38'20" | 新垣 蓮 | 富士見小5 | ⑩ 5'38" |
| ⓫ | 袋井市 | 1°38'45" | 髙橋 柊音 | 袋井西小6 | ⑱ 5'44" |
| ⓬ | 沼津市 | 1°39'52" | 吉利 日向 | 沼津第五小6 | ㉓ 5'55" |
| ⓭ | 掛川市 | 1°40'11" | 佐野 嶺 | 桜木小5 | ⑫ 5'41" |
| ⓮ | 磐田市 | 1°40'14" | 河合 拓杜 | 竜洋西小6 | ② 5'15" |
| ⓯ | 御前崎市 | 1°40'39" | 鈴木 琉生 | 御前崎第一小6 | ㉕ 6'02" |
| ⓰ | 三島市 | 1°40'44" | 大西悠太郎 | 向山小6 | ⑧ 5'36" |
| ⓱ | 焼津市 | 1°41'02" | 初世 悠空 | 焼津東小6 | ⑭ 5'42" |
| ⓲ | 静岡市清水 | 1°41'52" | 望月 祐汰 | 清水飯田東小6 | ⑰ 5'43" |
| ⓳ | 伊東市 | 1°42'30" | 山本はるあ | 伊東南小6 | ㉒ 5'54" |
| ⓴ | 下田市 | 1°43'01" | 日吉 佑斗 | 稲生沢小5 | ⑲ 5'47" |
| ㉑ | 伊豆の国市 | 1°43'16" | 小澤 浬 | 大仁小6 | ⑭ 5'42" |
| ㉒ | 菊川市 | 1°43'20" | 内海 理稀 | 小笠南小6 | ⑧ 5'36" |
| ㉓ | 牧之原市 | 1°45'02" | 紅林 慶斗 | 菅山小5 | ㉔ 5'58" |
| ㉔ | 熱海市 | 1°46'35" | ヘリヤー紗羅 | 網代小6 | ⑳ 5'50" |
| ㉕ | 伊豆市 | 1°52'10" | 勝呂 登真 | 土肥小中一貫5 | ㉑ 5'53" |

## ●町の部

| 順位 | チーム | 総合記録 | 走者名 | 所属 | 区間順位・記録 |
|---|---|---|---|---|---|
| ❶ | 清水町 | 1°37'15" | 塩崎 丈 | 清水南小6 | ② 5'42" |
| ❷ | 長泉町 | 1°39'26" | 大沼 慶汰 | 長泉南小5 | ② 5'42" |
| ❸ | 函南町 | 1°39'35" | 井上琥太郎 | 函南小5 | ④ 5'44" |
| ❹ | 吉田町 | 1°41'11" | 原田 利空 | 中央小6 | ⑦ 5'58" |
| ❺ | 小山町 | 1°42'01" | 髙村 獅穏 | 北郷小6 | ⑤ 5'45" |
| ❻ | 河津町 | 1°45'14" | 村尾 奏空 | 河津南小6 | ❶ 5'40" |
| ❼ | 森町 | 1°45'39" | 大場 美空 | 宮園小6 | ⑩ 6'31" |
| ❽ | 西伊豆町 | 1°46'55" | 宇都宮陸斗 | 田子小5 | ⑥ 5'50" |
| ❾ | 南伊豆町 | 1°48'30" | 土屋 孝輔 | 南中小6 | ⑨ 6'03" |
| ❿ | 川根本町 | 1°50'16" | 北村 哲也 | 中川根第一小5 | ⑫ 6'38" |
| ⓫ | 松崎町 | 1°50'19" | 勝呂 諒月 | 松崎小6 | ⑧ 6'00" |
| ⓬ | 東伊豆町 | 1°52'09" | 榎本 壮志 | 熱川小5 | ⑪ 6'35" |

**区間最高記録**

市の部● 5分05秒 山内 真潤（湖西市・第18回大会）
町の部● 5分15秒 出田 義貴（函南町・第18回大会）
町の部● 露木 道麻（長泉町・第19回大会）

## 榊屋～さつき通り～清水区役所　3.051㎞ ●一般（女子）● 10区

富士市の小田が、浜松市南部を捉えて3位を奪取。さらに2位・御殿場市を猛追し、39秒差まで詰める。町の部の清水町は森野が区間賞を獲得。2位との差を大きく広げて、首位を固めた。

●町の部●
**森野 夏歩**(清水町・ユニクロ)

●市の部●
**松村 幸栄**(裾野市)

## ●市の部

| 順位 | チーム | 総合記録 | 走者名 | 所属 | 区間順位・記録 |
|---|---|---|---|---|---|
| ❶ | 浜松市北部 | 1°44'02" | 奥山　紗帆 | 浜松ホトニクス | ⑥10'13" |
| ❷ | 御殿場市 | 1°44'57" | 中森　紗南 | 御殿場総合サービス | ⑦10'20" |
| ❸ | 富士市 | 1°45'36" | 小田　恵梨 | | ② 9'47" |
| ❹ | 浜松市南部 | 1°45'56" | 岡田　優花 | 中京学院大1 | ⑦10'20" |
| ❺ | 藤枝市 | 1°47'23" | 横馬　岬 | 藤枝特別支援学校教諭 | ⑤ 9'59" |
| ❻ | 裾野市 | 1°47'34" | 松村　幸栄 | | ❶ 9'45" |
| ❼ | 静岡市静岡 | 1°48'24" | 北谷友梨佳 | 静岡大院2 | ⑨10'21" |
| ❽ | 湖西市 | 1°49'10" | 堀川はる菜 | 中電ウイング | ㉕12'21" |
| ❾ | 島田市 | 1°49'13" | 亀山　希 | 富士宮第四中教諭 | ㉑11'37" |
| ❿ | 富士宮市 | 1°49'34" | 花﨑奈穂子 | アシアル | ⑱11'14" |
| ⓫ | 袋井市 | 1°49'51" | 鈴木　理瑚 | 袋井特別支援学校教諭 | ⑯11'06" |
| ⓬ | 磐田市 | 1°50'51" | 澤木　はな | 静岡産大1 | ⑭10'37" |
| ⓭ | 沼津市 | 1°51'10" | 鈴木　優菜 | 静岡県大1 | ⑲11'18" |
| ⓮ | 掛川市 | 1°51'31" | 野上りつ子 | 倉真小教諭 | ⑳11'20" |
| ⓯ | 焼津市 | 1°51'33" | 佐野亜友美 | TKナイン | ⑪10'31" |
| ⓰ | 静岡市清水 | 1°51'46" | 鴨志田海来 | 名城大3 | ③ 9'54" |
| ⓱ | 御前崎市 | 1°51'52" | 丸尾　ミカ | ウエルシア | ⑰11'13" |
| ⓲ | 三島市 | 1°52'30" | 北村　洸 | 日大2 | ㉓11'46" |
| ⓳ | 伊東市 | 1°53'09" | 長谷川葉月 | 静岡大2 | ⑮10'39" |
| ⓴ | 伊豆の国市 | 1°53'12" | 高井　茉彩 | 法政大4 | ④ 9'56" |
| ㉑ | 菊川市 | 1°53'51" | 馬込　千帆 | 静岡県大院2 | ⑪10'31" |
| ㉒ | 下田市 | 1°54'42" | 齋藤美保子 | 三星電機 | ㉒11'41" |
| ㉓ | 牧之原市 | 1°55'24" | 丸山　鳳純 | 東洋大1 | ⑩10'22" |
| ㉔ | 熱海市 | 1°57'11" | 立見　真央 | 中京大3 | ⑬10'36" |
| ㉕ | 伊豆市 | 2°04'28" | 太田　裕子 | 明電舎 | ㉔12'18" |

## ●町の部

| 順位 | チーム | 総合記録 | 走者名 | 所属 | 区間順位・記録 |
|---|---|---|---|---|---|
| ❶ | 清水町 | 1°46'51" | 森野　夏歩 | ユニクロ | ❶ 9'36" |
| ❷ | 長泉町 | 1°50'24" | 古瀬　凪沙 | 御殿場西高講師 | ⑤10'58" |
| ❸ | 函南町 | 1°50'27" | 渡邊　望帆 | 日大三島中高職員 | ④10'52" |
| ❹ | 吉田町 | 1°51'15" | 田中　毬愛 | 大阪学院大1 | ②10'04" |
| ❺ | 小山町 | 1°55'11" | 柏木　萌那 | 陸上自衛隊富士学校 | ⑫13'10" |
| ❻ | 河津町 | 1°57'40" | 飯田　真子 | 稲取小教諭 | ⑨12'26" |
| ❼ | 森町 | 1°58'00" | 徳千代知世 | 摩耶保育園 | ⑧12'21" |
| ❽ | 西伊豆町 | 1°59'06" | 山田　麻衣 | 静岡北特別支援学校教諭 | ⑥12'11" |
| ❾ | 南伊豆町 | 2°00'45" | 山本　麻衣 | 東京経済大4 | ⑦12'15" |
| ❿ | 松崎町 | 2°01'05" | 高見　育美 | 門屋学校給食センター | ③10'46" |
| ⓫ | 川根本町 | 2°03'03" | 石川　愛理 | 吉田中央小教諭 | ⑪12'47" |
| ⓬ | 東伊豆町 | 2°04'47" | 佐藤　歩 | 小学校教諭 | ⑩12'38" |

**区間最高記録**
市の部● **9分16秒　清水　真帆**(静岡市清水・第18回大会)
町の部● **9分06秒　渡邉菜々美**(函南町・第19回大会)

浜松市南部の平野が富士市を抜き、再び3位に浮上。2位・御殿場市まで24秒差に迫った。裾野市の飯塚は区間新で5位に浮上。町の部は首位・清水町に続き、長泉町と函南町が1秒差の激しい2位争いを演じた。

●町の部●
村松 亜蘭(吉田町・藤枝明誠高3)

●市の部●
飯塚 厚(裾野市・浜松商高3)

## ●市の部

| 順位 | チーム | 総合記録 | 走者名 | 所属 | 区間順位・記録 | |
|---|---|---|---|---|---|---|
| ❶ | 浜松市北部 | 1°56'33" | 古井　康介 | 浜松日体高2 | ③12'31" | |
| ❷ | 御殿場市 | 1°58'00" | 冨永己太朗 | 暁秀高2 | ⑪13'03" | |
| ❸ | 浜松市南部 | 1°58'24" | 平野　竜我 | 浜松商高3 | ②12'28" | |
| ❹ | 富士市 | 1°58'38" | 関　日向汰 | 東海大静岡翔洋高1 | ⑩13'02" | |
| ❺ | 裾野市 | 1°59'52" | 飯塚　厚 | 浜松商高3 | ❶12'18" | 新 |
| ❻ | 藤枝市 | 2°00'06" | 皆見　瞬助 | 藤枝明誠高2 | ④12'43" | |
| ❼ | 静岡市静岡 | 2°01'19" | 村松　翼 | 藤枝明誠高1 | ⑧12'55" | |
| ❽ | 湖西市 | 2°02'07" | 中嶋　将太 | 浜松日体高3 | ⑨12'57" | |
| ❾ | 富士宮市 | 2°02'26" | 赤坂　侑磨 | 加藤学園高2 | ⑤12'52" | |
| ❿ | 島田市 | 2°02'43" | 橘　雷斗 | 東海大静岡翔洋高1 | ⑰13'30" | |
| ⓫ | 袋井市 | 2°03'45" | 小嶋　潤 | 周南中3 | ㉒13'54" | |
| ⓬ | 沼津市 | 2°04'13" | 二宮翔太朗 | 加藤学園高2 | ⑪13'03" | |
| ⓭ | 磐田市 | 2°04'17" | 今田　稜真 | 浜松商高2 | ⑮13'26" | |
| ⓮ | 焼津市 | 2°04'25" | 鷲巣陸之進 | 東海大静岡翔洋高3 | ⑤12'52" | |
| ⓯ | 御前崎市 | 2°04'44" | 植田　航生 | 常葉大菊川高1 | ⑤12'52" | |
| ⓰ | 静岡市清水 | 2°04'53" | 横山　昇羽 | 東海大静岡翔洋高3 | ⑬13'07" | |
| ⓱ | 掛川市 | 2°04'57" | 松本　悠真 | 島田高1 | ⑮13'26" | |
| ⓲ | 三島市 | 2°06'27" | 笹本　明希 | 錦田中2 | ㉓13'57" | |
| ⓳ | 伊東市 | 2°06'28" | 五通　広喜 | 加藤学園高2 | ⑭13'19" | |
| ⓴ | 伊豆の国市 | 2°07'01" | 田村　高輝 | 日大三島高1 | ⑲13'49" | |
| ㉑ | 菊川市 | 2°07'33" | 松井　潤 | 常葉大菊川高3 | ⑱13'42" | |
| ㉒ | 下田市 | 2°08'33" | 本村　啓人 | 韮山高1 | ㉑13'51" | |
| ㉓ | 牧之原市 | 2°09'45" | 大石　悠斗 | 相良高3 | ㉔14'21" | |
| ㉔ | 熱海市 | 2°11'01" | 小林　翔新 | 泉中2 | ⑳13'50" | |
| ㉕ | 伊豆市 | 2°18'58" | 髙林　蓮 | 伊豆中央高1 | ㉕14'30" | |

## ●町の部

| 順位 | チーム | 総合記録 | 走者名 | 所属 | 区間順位・記録 |
|---|---|---|---|---|---|
| ❶ | 清水町 | 2°00'32" | 真野　幹大 | 加藤学園高2 | ⑦13'41" |
| ❷ | 長泉町 | 2°03'32" | 川村　駿斗 | 長泉中3 | ④13'08" |
| ❸ | 函南町 | 2°03'33" | 榎本　晃大 | 日大三島高3 | ③13'06" |
| ❹ | 吉田町 | 2°04'14" | 村松　亜蘭 | 藤枝明誠高3 | ❶12'59" |
| ❺ | 小山町 | 2°09'30" | 岩本　侑己 | 御殿場西高2 | ⑨14'19" |
| ❻ | 森町 | 2°11'02" | 伊藤　海心 | 浜松商高2 | ②13'02" |
| ❼ | 河津町 | 2°11'03" | 大橋　歩 | 下田高2 | ⑤13'23" |
| ❽ | 西伊豆町 | 2°14'10" | 平野　勇輝 | 松崎高2 | ⑪15'04" |
| ❾ | 南伊豆町 | 2°14'35" | 秋山　葉音 | 下田高1 | ⑧13'50" |
| ❿ | 松崎町 | 2°16'27" | 田中　大喜 | 松崎中3 | ⑫15'22" |
| ⓫ | 川根本町 | 2°16'28" | 和田　陽 | 島田高1 | ⑥13'25" |
| ⓬ | 東伊豆町 | 2°19'28" | 平山　翔 | 稲取高1 | ⑩14'41" |

**区間最高記録**
市の部● 12分18秒　飯塚　厚(裾野市・第21回大会)
町の部● 12分12秒　藤曲　寛人(小山町・第16回大会)

7区からの首位を守り抜いた浜松市北部が、2位・御殿場市に1分18秒差をつけてゴール。富士市の渡邉は区間新をマークして3位に食い込んだ。町の部の清水町はアンカー船越が区間賞の走りで連覇を達成した。

●町の部●
**船越 陸**（清水町・日大3）

●市の部●
**渡邉 奏太**（富士市・サンベルクス）

## ●市の部

| 順位 | チーム | 総合記録 | 走者名 | 所属 | 区間順位・記録 | |
|---|---|---|---|---|---|---|
| ❶ | 浜松市北部 | 2°10'49" | 鈴木　覚 | スポーツタウンメイセイ | ⑤14'16" | |
| ❷ | 御殿場市 | 2°12'07" | 山下　伸一 | 陸上自衛隊滝ヶ原駐屯地 | ②14'07" | |
| ❸ | 富士市 | 2°12'30" | 渡邉　奏太 | サンベルクス | ❶13'52" | 新 |
| ❹ | 浜松市南部 | 2°12'58" | 髙林　遼哉 | スポーツタウンメイセイ | ⑦14'34" | |
| ❺ | 藤枝市 | 2°14'45" | 片山　優人 | 日本郵便 | ⑨14'39" | |
| ❻ | 裾野市 | 2°15'20" | 山本　祥平 | 裾野市役所 | ㉑15'28" | |
| ❼ | 静岡市静岡 | 2°15'45" | 伊藤　誠 | 木内建設 | ⑥14'26" | |
| ❽ | 富士宮市 | 2°17'00" | 遠藤　直基 | ニッピ | ⑦14'34" | |
| ❾ | 島田市 | 2°17'37" | 片川　準二 | 島田市役所 | ⑬14'54" | |
| ❿ | 湖西市 | 2°18'16" | 鈴木　龍一 | 常葉大1 | ㉔16'09" | |
| ⓫ | 袋井市 | 2°18'33" | 香川　琉太 | イノベックス | ⑫14'48" | |
| ⓬ | 御前崎市 | 2°18'58" | 横山　諒 | スズキ浜松AC | ④14'14" | |
| ⓭ | 磐田市 | 2°19'16" | 中尾　勇生 | 杏林堂薬局 | ⑭14'59" | |
| ⓮ | 焼津市 | 2°19'32" | 村田　稔明 | からだ工房らくだ | ⑯15'07" | |
| ⓯ | 沼津市 | 2°19'40" | 平田　裕也 | 沼津市役所 | ⑳15'27" | |
| ⓰ | 静岡市清水 | 2°20'02" | 望月　遥平 | 創価大1 | ⑰15'09" | |
| ⓱ | 掛川市 | 2°20'36" | 杉山　晃聖 | 杏林堂薬局 | ㉓15'39" | |
| ⓲ | 三島市 | 2°20'36" | 板垣　辰矢 | 時之栖 | ③14'09" | |
| ⓳ | 伊東市 | 2°21'08" | 関　颯介 | 東京経済大3 | ⑪14'40" | |
| ⓴ | 伊豆の国市 | 2°22'10" | 高橋　拓也 | 桜美林大3 | ⑰15'09" | |
| ㉑ | 菊川市 | 2°23'06" | 三浦　拓也 | 菊川市役所 | ㉒15'33" | |
| ㉒ | 下田市 | 2°23'52" | 根橋　徹 | 下田高教諭 | ⑲15'19" | |
| ㉓ | 牧之原市 | 2°24'24" | 大澤　巧使 | 麗澤大1 | ⑨14'39" | |
| ㉔ | 熱海市 | 2°26'06" | 徳田　勝幸 | 帝京大3 | ⑮15'05" | |
| ㉕ | 伊豆市 | 2°35'10" | 豊田　侑亮 | 伊豆市役所 | ㉕16'12" | |

## ●町の部

| 順位 | チーム | 総合記録 | 走者名 | 所属 | 区間順位・記録 |
|---|---|---|---|---|---|
| ❶ | 清水町 | 2°14'59" | 船越　陸 | 日大3 | ❶14'27" |
| ❷ | 長泉町 | 2°18'30" | 小林　翔大 | 陸上自衛隊滝ヶ原駐屯地 | ⑤14'58" |
| ❸ | 函南町 | 2°18'33" | 高橋　武蔵 | SPOPIAシラトリ | ⑥15'00" |
| ❹ | 吉田町 | 2°20'16" | 市川　大輝 | 山梨学院大1 | ⑩16'02" |
| ❺ | 小山町 | 2°24'14" | 髙山　将司 | 陸上自衛隊富士学校 | ③14'44" |
| ❻ | 森町 | 2°25'38" | 小縣　佑哉 | 立正大学 | ②14'36" |
| ❼ | 河津町 | 2°27'48" | 山下　永吉 | 河津町役場 | ⑫16'45" |
| ❽ | 西伊豆町 | 2°30'11" | 山本　真一 | 陸上自衛隊富士学校 | ⑨16'01" |
| ❾ | 南伊豆町 | 2°30'57" | 山本　陽介 | 梓友会 | ⑪16'22" |
| ❿ | 川根本町 | 2°31'17" | 山本　崇博 | 川根高教諭 | ④14'49" |
| ⓫ | 松崎町 | 2°31'34" | 渡辺　裕晴 | 松崎町役場 | ⑦15'07" |
| ⓬ | 東伊豆町 | 2°34'37" | 加藤　廣貴 | 清水特別支援学校教諭 | ⑧15'09" |

**区間最高記録**
市の部● **13分52秒　渡邉　奏太**（富士市・第21回大会）
町の部● **13分49秒　三輪晋大朗**（吉田町・第20回大会）

# 小学生1500mタイムレース

2020.12.5

## 女子

### ●市の部●

| 順位 | 選手名 | チーム | タイム |
|---|---|---|---|
| 1 | 河合　柚奈 | 浜松市南部 | 5分06秒13 |
| 2 | 髙坂　優乃 | 熱海市 | 5分10秒11 |
| 3 | 加部　　環 | 御殿場市 | 5分12秒48 |
| 4 | 原田　由羽 | 静岡市清水 | 5分15秒48 |
| 5 | 戸塚　にこ | 掛川市 | 5分17秒58 |
| 6 | 松澤　　怜 | 袋井市 | 5分18秒12 |
| 7 | 池田　真央 | 御前崎市 | 5分21秒56 |
| 8 | 中野　風香 | 三島市 | 5分22秒36 |
| 9 | 菅沼　綾夏 | 裾野市 | 5分22秒47 |
| 10 | 関野　彩芭 | 伊豆の国市 | 5分23秒53 |
| 11 | 西尾　心春 | 静岡市静岡 | 5分24秒85 |
| 12 | 小林　桜空 | 磐田市 | 5分25秒12 |
| 13 | 武藤　朱星 | 下田市 | 5分25秒49 |
| 14 | 久保山理子 | 焼津市 | 5分26秒67 |
| 15 | 山下真冬花 | 菊川市 | 5分28秒42 |
| 16 | 伊東　唯愛 | 伊豆市 | 5分30秒64 |
| 17 | 金田　陽愛 | 湖西市 | 5分30秒95 |
| 18 | 夏目　恋李 | 浜松市北部 | 5分31秒12 |
| 19 | 岡田　優来 | 牧之原市 | 5分32秒10 |
| 20 | 鈴木さくら | 藤枝市 | 5分40秒03 |
| 21 | 大川　心彩 | 沼津市 | 5分47秒28 |
| 22 | 大澤　茉緒 | 牧之原市 | 6分07秒65 |
| 23 | 有田　　心 | 富士宮市 | 6分19秒60 |

### ●町の部●

| 順位 | 選手名 | チーム | タイム |
|---|---|---|---|
| 1 | 渡邉　　橙 | 長泉町 | 5分19秒69 |
| 2 | 杉山　未来 | 小山町 | 5分20秒22 |
| 3 | 山口　稀月 | 函南町 | 5分21秒55 |
| 4 | 斉藤　那奈 | 吉田町 | 5分24秒45 |
| 5 | 近藤　凜奈 | 清水町 | 5分32秒22 |
| 6 | 鈴木　　澪 | 河津町 | 5分35秒28 |
| 7 | 松原　莉奈 | 松崎町 | 5分38秒31 |
| 8 | 佐藤　瀬奈 | 西伊豆町 | 5分44秒25 |
| 9 | 井上　彩姫 | 南伊豆町 | 5分46秒64 |
| 10 | 片岡　叶葉 | 森町 | 5分55秒72 |
| 11 | 梅原　莉七 | 東伊豆町 | 6分02秒52 |
| 12 | 澤本ひより | 川根本町 | 6分04秒40 |

## 男子

### ●市の部●

| 順位 | 選手名 | チーム | タイム |
|---|---|---|---|
| 1 | 芹澤　大心 | 御殿場市 | 4分52秒31 |
| 2 | 髙橋　悠真 | 浜松市南部 | 4分56秒35 |
| 3 | 北原　彰真 | 湖西市 | 4分56秒91 |
| 4 | 小田　桜雅 | 浜松市北部 | 4分58秒06 |
| 5 | 北嶋丈太郎 | 静岡市静岡 | 4分58秒17 |
| 6 | 小山　和楽 | 富士市 | 4分58秒81 |
| 7 | 井本　　武 | 袋井市 | 5分00秒51 |
| 8 | 土屋　息吹 | 焼津市 | 5分01秒23 |
| 9 | 漆畑　颯恭 | 富士市 | 5分04秒43 |
| 10 | 伴野　智星 | 静岡市清水 | 5分04秒72 |
| 11 | 中田　晴士 | 伊豆の国市 | 5分05秒01 |
| 12 | 大橋　歩夢 | 磐田市 | 5分09秒26 |
| 13 | 竹下　　優 | 藤枝市 | 5分09秒44 |
| 14 | 秋山龍之介 | 裾野市 | 5分11秒39 |
| 15 | 橋本孝太朗 | 熱海市 | 5分11秒55 |
| 16 | 松村　政宗 | 菊川市 | 5分12秒68 |
| 17 | 大村駿太朗 | 島田市 | 5分16秒68 |
| 18 | 大畑　陽暖 | 島田市 | 5分17秒14 |
| 19 | 酒井直汰朗 | 御前崎市 | 5分17秒83 |
| 20 | 添田遼太郎 | 下田市 | 5分20秒72 |
| 21 | 山本　大悟 | 沼津市 | 5分21秒30 |
| 22 | 中村　光祐 | 牧之原市 | 5分22秒20 |
| 23 | 山本　　岐 | 伊東市 | 5分23秒10 |
| 24 | 尾﨑　　翔 | 伊東市 | 5分28秒28 |
| 25 | 杉崎　慎吾 | 富士宮市 | 5分32秒40 |
| 26 | 森下　仁瑛 | 伊豆市 | 5分35秒39 |
| 27 | 平川　朝陽 | 三島市 | 欠場 |

### ●町の部●

| 順位 | 選手名 | チーム | タイム |
|---|---|---|---|
| 1 | 杉山　拓海 | 清水町 | 5分10秒06 |
| 2 | 富田　隼斗 | 長泉町 | 5分13秒71 |
| 3 | 加納　春輝 | 河津町 | 5分23秒55 |
| 4 | 堤　　蓮王 | 西伊豆町 | 5分34秒38 |
| 5 | 関　　寛太 | 松崎町 | 5分35秒66 |
| 6 | 石黒　澄空 | 東伊豆町 | 5分37秒80 |
| 7 | 岸端　玄稀 | 吉田町 | 5分37秒82 |
| 8 | 山口　比呂 | 南伊豆町 | 5分47秒11 |
| 9 | 鈴木　大雅 | 森町 | 5分52秒46 |

# チームの記録

## 市町別の各選手詳細

全37チームごとの区間および総合記録

CONTENTS

# 熱海市 1

**市の部 24位 2時間26分06秒**

【監　督】大川慎一郎（初島小教諭）
【コーチ】新井　孝将（熱海中教諭）

| 区 | 氏名 | 所属 | 記録 |
|---|---|---|---|
| 1 | 加藤　佳怜 | （三島北高1） | 13・04⑱ |
| 2 | 石田璃久登 | （熱海第二小4） | 6・42㉒ |
| 3 | ヘリヤー理紗 | （網代小6） | 5・39③ |
| 4 | 古株　麻衣 | （熱海中3） | 14・09㉔ |
| 5 | 小竹　淳平 | （三島北高2） | 23・55㉕ |
| 6 | 大石　真裕 | （熱海市役所） | 12・57⑲ |
| 7 | 漆原　幹人 | （熱海中3） | 11・26⑪ |
| 8 | 立見　有佑 | （熱海中1） | 12・53㉔ |
| 9 | ヘリヤー紗羅 | （網代小6） | 5・50⑳ |
| 10 | 立見　真央 | （中京大3） | 10・36⑬ |
| 11 | 小林　翔新 | （泉中2） | 13・50⑳ |
| 12 | 徳田　勝幸 | （帝京大3） | 15・05⑮ |

橋本孝太朗（熱海第一小5）
髙坂　優乃（泉小6）
岩井　隼稔（熱海中3）
山田　愛恵（熱海中2）
齋藤　　志（焼津水産高1）
渥美　寿未（田方農高2）
斧　　祐治（ランハート）
毛利由希子（世界救世教主之光教団）
水越　元洋（ガイアコミュニケーションズ）

**DATA**

【最高成績】第20回（2019年）21位 2時間21分54秒

|  |  |  |  |
|---|---|---|---|
| 2019年 | 第20回 | 市の部21位 | 2時間21分54秒 |
| 2018年 | 第19回 | 市の部22位 | 2時間24分36秒 |
| 2017年 | 第18回 | 市の部21位 | 2時間22分18秒 |
| 2016年 | 第17回 | 市の部22位 | 2時間24分49秒 |
| 2015年 | 第16回 | 市の部22位 | 2時間25分22秒 |
| 2014年 | 第15回 | 市の部27位 | 2時間31分14秒 |

Atami City

## 2020年 第21回 しずおか市町対抗駅伝

### 総合成績

#### ●市の部

| 順位 | チーム | 総合記録 |
|---|---|---|
| 1 | 浜松市北部 | 2時間10分49秒 |
| 2 | 御殿場市 | 2時間12分07秒 |
| 3 | 富士市 | 2時間12分30秒 |
| 4 | 浜松市南部 | 2時間12分58秒 |
| 5 | 藤枝市 | 2時間14分45秒 |
| 6 | 裾野市 | 2時間15分20秒 |
| 7 | 静岡市静岡 | 2時間15分45秒 |
| 8 | 富士宮市 | 2時間17分00秒 |
| 9 | 島田市 | 2時間17分37秒 |
| 10 | 湖西市 | 2時間18分16秒 |
| 11 | 袋井市 | 2時間18分33秒 |
| 12 | 御前崎市 | 2時間18分58秒 |
| 13 | 磐田市 | 2時間19分16秒 |
| 14 | 焼津市 | 2時間19分32秒 |
| 15 | 沼津市 | 2時間19分40秒 |
| 16 | 静岡市清水 | 2時間20分02秒 |
| 17 | 掛川市 | 2時間20分36秒 |
| 18 | 三島市 | 2時間20分36秒 |
| 19 | 伊東市 | 2時間21分08秒 |
| 20 | 伊豆の国市 | 2時間22分10秒 |
| 21 | 菊川市 | 2時間23分06秒 |
| 22 | 下田市 | 2時間23分52秒 |
| 23 | 牧之原市 | 2時間24分24秒 |
| 24 | 熱海市 | 2時間26分06秒 |
| 25 | 伊豆市 | 2時間35分10秒 |

※入賞は10位まで

#### ●町の部

| 順位 | チーム | 総合記録 |
|---|---|---|
| 1 | 清水町 | 2時間14分59秒 |
| 2 | 長泉町 | 2時間18分30秒 |
| 3 | 函南町 | 2時間18分33秒 |
| 4 | 吉田町 | 2時間20分16秒 |
| 5 | 小山町 | 2時間24分14秒 |
| 6 | 森　町 | 2時間25分38秒 |
| 7 | 河津町 | 2時間27分48秒 |
| 8 | 西伊豆町 | 2時間30分11秒 |
| 9 | 南伊豆町 | 2時間30分57秒 |
| 10 | 川根本町 | 2時間31分17秒 |
| 11 | 松崎町 | 2時間31分34秒 |
| 12 | 東伊豆町 | 2時間34分37秒 |

※入賞は6位まで

**【敢闘賞】**《市の部》三島市、御前崎市、下田市
《町の部》松崎町、東伊豆町

**【ふるさと賞】**（人口1万5000人未満の市町の1位）
河津町

# 下田市 3

**市の部 22位 2時間23分52秒**

【監　督】渡邉　洋之
【コーチ】髙橋　秀卓（会社員）

| 区 | 氏名（所属） | 記録 |
|---|---|---|
| 1 | 菊地　菜央（下田高2） | 12・42⑭ |
| 2 | 小川　優人（下田小6） | 6・17⑫ |
| 3 | 佐久間結渚（大賀茂小6） | 6・00⑯ |
| 4 | 髙橋　夢花（下田中2） | 13・16㉒ |
| 5 | 佐藤　匠瑛（藤枝明誠高2） | 22・50㉓ |
| 6 | 鈴木　勝弓（下田OA） | 12・02④ |
| 7 | 小川　晴人（下田中2） | 11・49㉑ |
| 8 | 土屋　絢加（下田東中1） | 12・18㉒ |
| 9 | 日吉　佑斗（稲生沢小5） | 5・47⑲ |
| 10 | 齋藤美保子（三星電機） | 11・41㉒ |
| 11 | 本村　啓人（韮山高1） | 13・51㉑ |
| 12 | 根橋　　徹（下田高教諭） | 15・19⑲ |
| | 添田遼太郎（浜崎小6） | |
| | 武藤　朱星（稲生沢小6） | |
| | 加藤　瑛太（下田中2） | |
| | 藤井　逗太（下田東中3） | |
| | 日吉　紗彩（稲生沢中1） | |
| | 山梨　姫加（下田東中3） | |
| | 佐藤　　健（専業主夫） | |
| | 松原　利枝（稲梓中養護教諭） | |
| | 進士　幹人（下田市観光協会） | |

**DATA**

【最高成績】第3回(2002年) 18位 2時間29分24秒

|  |  |  |  |
|---|---|---|---|
| 2019年 | 第20回 | 市の部24位 | 2時間26分57秒 |
| 2018年 | 第19回 | 市の部26位 | 2時間31分31秒 |
| 2017年 | 第18回 | 市の部27位 | 2時間30分17秒 |
| 2016年 | 第17回 | 市の部26位 | 2時間30分34秒 |
| 2015年 | 第16回 | 市の部27位 | 2時間32分39秒 |
| 2014年 | 第15回 | 市の部26位 | 2時間30分40秒 |

Shimoda City

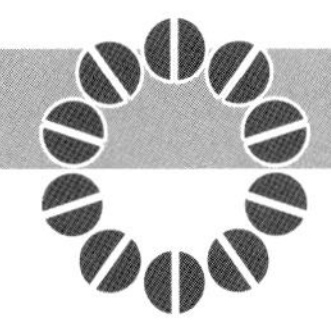

# 伊東市 2

**市の部 19位 2時間21分08秒**

【監　督】稲本多津郎（伊東市体協）
【コーチ】稲葉弘一郎（伊東市役所）

| 区 | 氏名（所属） | 記録 |
|---|---|---|
| 1 | 守塚　梨奈（知徳高2） | 12・45⑯ |
| 2 | 中道　　空（伊東東小5） | 6・49㉓ |
| 3 | 平田　　栞（八幡野小6） | 5・51⑨ |
| 4 | 肥田ひより（伊豆中央高1） | 12・37⑭ |
| 5 | 村上　歩夢（日大三島高1） | 21・35⑮ |
| 6 | 千葉　俊和（東部特別支援学校教諭） | 13・59㉕ |
| 7 | 鈴木　陽斗（伊東南中3） | 11・31⑫ |
| 8 | 鈴木　美遥（対島中2） | 11・29⑰ |
| 9 | 山本はるあ（伊東南小6） | 5・54㉒ |
| 10 | 長谷川葉月（静岡大2） | 10・39⑮ |
| 11 | 五通　広喜（加藤学園高2） | 13・19⑭ |
| 12 | 関　　颯介（東京経済大3） | 14・40⑪ |
| | 尾﨑　　翔（伊東南小5） | |
| | 山本　　岐（伊東南小5） | |
| | 小西　佑昌（伊東南中1） | |
| | 今井美羽奈（伊東南中1） | |
| | 小黒　琴美（門野中3） | |
| | 渡邊　光平（加藤学園高3） | |
| | 石井　慶太（東京経済大3） | |
| | 飯泉亜美紗（駿東伊豆消防本部） | |
| | 小菅　智章（伊東市役所） | |

**DATA**

【最高成績】第1回(2000年) 13位 2時間27分45秒

|  |  |  |  |
|---|---|---|---|
| 2019年 | 第20回 | 市の部18位 | 2時間21分22秒 |
| 2018年 | 第19回 | 市の部23位 | 2時間24分55秒 |
| 2017年 | 第18回 | 市の部22位 | 2時間23分04秒 |
| 2016年 | 第17回 | 市の部23位 | 2時間27分08秒 |
| 2015年 | 第16回 | 市の部21位 | 2時間24分47秒 |
| 2014年 | 第15回 | 市の部19位 | 2時間23分20秒 |

Ito City

# 伊豆の国市 5

## 市の部 20位 2時間22分10秒

| | | | |
|---|---|---|---|
| 【監　督】 | 坂本　達也 | （日本通運） | |
| 【コーチ】 | 滝田　一広 | （ジェイアイエヌ） | |
| 1 | 秋山ことね | （三島北高1） | 13・15⑳ |
| 2 | 水口　将希 | （長岡南小6） | 6・38⑳ |
| 3 | 齋藤　羽音 | （韮山南小6） | 6・12㉒ |
| 4 | 鈴木　彩夏 | （大仁中3） | 13・14㉑ |
| 5 | 大嶽　昂士 | （伊豆中央高2） | 21・55⑳ |
| 6 | 橋口　博之 | （橋口商工社） | 12・47⑮ |
| 7 | 山岸　永汰 | （韮山中2） | 11・42⑰ |
| 8 | 吉田　来百 | （長岡中3） | 11・51㉑ |
| 9 | 小澤　　浬 | （大仁小6） | 5・42⑭ |
| 10 | 高井　茉彩 | （法政大4） | 9・56④ |
| 11 | 田村　高輝 | （日大三島高1） | 13・49⑲ |
| 12 | 高橋　拓也 | （桜美林大3） | 15・09⑰ |
| | 中田　晴士 | （長岡北小6） | |
| | 関野　彩芭 | （韮山南小5） | |
| | 師岡　孝多 | （韮山中1） | |
| | 福士　　茜 | （韮山中2） | |
| | 高木　咲空 | （韮山中2） | |
| | 山口　翔平 | （伊豆中央高1） | |
| | 海瀬　大介 | （日大4） | |
| | 穐山　恭野 | （伊豆の国HRC） | |
| | 村越　智裕 | （東芝テック） | |

**DATA**

【最高成績】第6回（2005年）9位 2時間21分26秒

| | | | |
|---|---|---|---|
| 2019年 | 第20回 | 市の部22位 | 2時間25分04秒 |
| 2018年 | 第19回 | 市の部21位 | 2時間24分24秒 |
| 2017年 | 第18回 | 市の部24位 | 2時間26分19秒 |
| 2016年 | 第17回 | 市の部25位 | 2時間27分58秒 |
| 2015年 | 第16回 | 市の部25位 | 2時間27分06秒 |
| 2014年 | 第15回 | 市の部24位 | 2時間26分56秒 |

Izunokuni City

# 伊豆市 4

## 市の部 25位 2時間35分10秒

| | | | |
|---|---|---|---|
| 【監　督】 | 亀山　誠彦 | （伊豆の国市役所） | |
| 【コーチ】 | 酒井　隼人 | （伊豆市役所） | |
| 1 | 水口　琉花 | （修善寺中1） | 15・12㉕ |
| 2 | 佐藤　優志 | （土肥小中一貫校5） | 6・55㉔ |
| 3 | 山田　南実 | （修善寺南小6） | 6・44㉕ |
| 4 | 菊地はるか | （中伊豆中3） | 15・30㉕ |
| 5 | 勝呂　英太 | （韮山高2） | 23・10㉔ |
| 6 | 飯田　　聡 | （飯田産業工作所） | 12・57⑲ |
| 7 | 今井　誉暁 | （修善寺中3） | 12・17㉕ |
| 8 | 伊郷　若葉 | （中伊豆中3） | 13・32㉕ |
| 9 | 勝呂　登真 | （土肥小中一貫校5） | 5・53㉑ |
| 10 | 太田　裕子 | （明電舎） | 12・18㉔ |
| 11 | 髙林　　蓮 | （伊豆中央高1） | 14・30㉕ |
| 12 | 豊田　侑亮 | （伊豆市役所） | 16・12㉕ |
| | 森下　仁瑛 | （修善寺小5） | |
| | 伊東　唯愛 | （中伊豆小6） | |
| | 落合　　廉 | （修善寺中1） | |
| | 塩谷　　奏 | （中伊豆中1） | |
| | 旭　　健汰 | （伊豆総合高1） | |
| | 鈴木　　潤 | （セキスイハイム東海） | |
| | 荻島　　彩 | （鎌倉女子大4） | |
| | 丸山　真里 | （自営業） | |
| | 鈴木　　亨 | （モレエ走遊会） | |

**DATA**

【最高成績】第14回（2013年）20位 2時間26分13秒

| | | | |
|---|---|---|---|
| 2019年 | 第20回 | 市の部26位 | 2時間29分42秒 |
| 2018年 | 第19回 | 市の部25位 | 2時間31分04秒 |
| 2017年 | 第18回 | 市の部26位 | 2時間28分11秒 |
| 2016年 | 第17回 | 市の部27位 | 2時間31分50秒 |
| 2015年 | 第16回 | 市の部26位 | 2時間31分27秒 |
| 2014年 | 第15回 | 市の部25位 | 2時間29分21秒 |

Izu City

# 御殿場市 7

市の部 2位 2時間12分07秒

| | 氏名 | 所属 | 記録 |
|---|---|---|---|
| 【監　督】 | 滝口　兼光 | (御殿場市体協) | |
| 【コーチ】 | 秋岡　達郎 | (東海大静岡翔洋高教頭) | |
| 1 | 依田　来巳 | (東海大静岡翔洋高3) | 11・39❶ |
| 2 | 勝又　蒼弥 | (御殿場南小6) | 6・04⑤ |
| 3 | 城　ひなた | (御殿場小5) | 5・41④ |
| 4 | 甲斐　星波 | (東海大静岡翔洋高3) | 12・03⑤ |
| 5 | 吉田　響 | (東海大静岡翔洋高3) | 19・47❶ |
| 6 | 平田　繁聡 | (陸上自衛隊滝ヶ原駐屯地) | 11・44❶ |
| 7 | 馬場　陸翔 | (御殿場中3) | 11・23⑨ |
| 8 | 長田　彩沙 | (御殿場中2) | 10・49③ |
| 9 | 藤田虎太郎 | (玉穂小6) | 5・27⑤ |
| 10 | 中森　紗南 | (御殿場総合サービス) | 10・20⑦ |
| 11 | 冨永己太朗 | (加藤学園暁秀高2) | 13・03⑪ |
| 12 | 山下　伸一 | (陸上自衛隊滝ヶ原駐屯地) | 14・07② |
| | 芹澤　大心 | (御殿場小6) | |
| | 加部　環 | (御殿場小5) | |
| | 久津輪勇介 | (御殿場中3) | |
| | 長江　羽夏 | (御殿場中2) | |
| | 藤田　悠 | (韮山高1) | |
| | 井上　汐莉 | (韮山高2) | |
| | 原　由幸 | (陸上自衛隊滝ヶ原駐屯地) | |
| | 森川友紀子 | (陸上自衛隊滝ヶ原駐屯地) | |
| | 中村　直樹 | (陸上自衛隊滝ヶ原駐屯地) | |

DATA

【最高成績】第20回(2019年) 1位 2時間09分29秒

|  |  |  |  |  |
|---|---|---|---|---|
| 2019年 | 第20回 | 市の部 | 1位 | 2時間09分29秒 |
| 2018年 | 第19回 | 市の部 | 1位 | 2時間11分44秒 新 |
| 2017年 | 第18回 | 市の部 | 7位 | 2時間15分01秒 |
| 2016年 | 第17回 | 市の部 | 2位 | 2時間13分14秒 |
| 2015年 | 第16回 | 市の部 | 3位 | 2時間14分52秒 |
| 2014年 | 第15回 | 市の部 | 3位 | 2時間15分39秒 |

Gotemba City

# 三島市 6

市の部 18位 2時間20分36秒

| | 氏名 | 所属 | 記録 |
|---|---|---|---|
| 【監　督】 | 江副　和章 | (トーセイコーポレーション) | |
| 【コーチ】 | 青島　睦 | (旭化成ファーマ) | |
| 1 | 濱村　心媛 | (伊豆中央高2) | 13・16㉑ |
| 2 | 田中　謙成 | (向山小6) | 6・07⑥ |
| 3 | 渡邉　心結 | (山田小5) | 5・59⑮ |
| 4 | 出雲　千聖 | (韮山高1) | 12・42⑮ |
| 5 | 杉山　恭平 | (韮山高1) | 21・43⑱ |
| 6 | 江島　洋之 | (三島信用金庫) | 12・33⑬ |
| 7 | 江島　定芳 | (山田中2) | 11・31⑫ |
| 8 | 武田　亜子 | (三島南中3) | 11・17⑪ |
| 9 | 大西悠太郎 | (向山小6) | 5・36⑧ |
| 10 | 北村　洸 | (日大2) | 11・46㉓ |
| 11 | 笹本　明希 | (錦田中2) | 13・57㉓ |
| 12 | 板垣　辰矢 | (時之栖) | 14・09③ |
| | 平川　朝陽 | (佐野小6) | |
| | 中野　風香 | (沢地小4) | |
| | 坪井　和希 | (三島北中2) | |
| | 平川菜々美 | (北上中3) | |
| | 森　美紗 | (三島南中2) | |
| | 武田　梨子 | (日大三島高2) | |
| | 近藤　琉華 | (伊豆中央高2) | |
| | 稲村　健 | (御殿場南高教諭) | |
| | 信原　邦啓 | (トヨタ自動車) | |

DATA

【最高成績】第5回(2004年) 6位 2時間19分57秒

|  |  |  |  |  |
|---|---|---|---|---|
| 2019年 | 第20回 | 市の部 | 25位 | 2時間28分00秒 |
| 2018年 | 第19回 | 市の部 | 9位 | 2時間18分12秒 |
| 2017年 | 第18回 | 市の部 | 10位 | 2時間17分52秒 |
| 2016年 | 第17回 | 市の部 | 9位 | 2時間17分31秒 |
| 2015年 | 第16回 | 市の部 | 14位 | 2時間19分26秒 |
| 2014年 | 第15回 | 市の部 | 18位 | 2時間22分10秒 |

Mishima City

# 沼津市 9

**市の部 15位 2時間19分40秒**

【監　督】片山　　修（東京電力パワーグリッド）
【コーチ】平田　裕也（沼津市役所）

| 区 | 氏名（所属） | 記録 |
|---|---|---|
| 1 | 小澤　心羽（日大三島高1） | 12・42⑮ |
| 2 | 大沼　光琉（沼津第五小6） | 6・12⑧ |
| 3 | 木部　美織（門池小6） | 6・16㉓ |
| 4 | 三須友理香（沼津東高1） | 12・26⑨ |
| 5 | 内野　裕介（加藤学園高3） | 21・43⑱ |
| 6 | 西村　博光（三島信用金庫） | 12・27⑫ |
| 7 | 木村　隆晴（今沢中2） | 11・05⑥ |
| 8 | 大橋わかば（金岡中2） | 11・06⑦ |
| 9 | 吉利　日向（沼津第五小6） | 5・55㉓ |
| 10 | 鈴木　優菜（静岡県大1） | 11・18⑲ |
| 11 | 二宮翔太朗（加藤学園高2） | 13・03⑪ |
| 12 | 平田　裕也（沼津市役所） | 15・27⑳ |
|  | 山本　大悟（沼津第五小5） |  |
|  | 大川　心彩（沼津第五小5） |  |
|  | 鈴木　智喜（沼津第二中3） |  |
|  | 岩本ひなた（沼津第五中1） |  |
|  | 吉川　　空（沼津東高1） |  |
|  | 勝又　龍夢（加藤学園高2） |  |
|  | 江本　健太（帝京平成大3） |  |
|  | 渡邉　紫音（裾野市民体育館） |  |
|  | 草地　　岳（富士サービス） |  |

**DATA**

【最高成績】第3回（2002年）6位 2時間22分00秒

|  |  |  |  |
|---|---|---|---|
| 2019年 | 第20回 | 市の部13位 | 2時間19分02秒 |
| 2018年 | 第19回 | 市の部13位 | 2時間19分30秒 |
| 2017年 | 第18回 | 市の部 9位 | 2時間17分13秒 |
| 2016年 | 第17回 | 市の部12位 | 2時間19分20秒 |
| 2015年 | 第16回 | 市の部 9位 | 2時間18分03秒 |
| 2014年 | 第15回 | 市の部16位 | 2時間21分48秒 |

Numazu City

# 裾野市 8

**市の部 6位 2時間15分20秒**

【監　督】小林　　進（裾野市陸協）
【コーチ】庄司　勝彦（裾野東小教頭）

| 区 | 氏名（所属） | 記録 |
|---|---|---|
| 1 | 勝呂　遥香（裾野東中2） | 12・08⑧ |
| 2 | 鈴木　玲央（富岡第二小6） | 6・16⑪ |
| 3 | 浦山　美咲（千福が丘小5） | 5・45⑤ |
| 4 | 廣瀬　　楓（伊豆中央高2） | 12・24⑧ |
| 5 | 髙沼　一颯（藤枝明誠高3） | 20・58⑫ |
| 6 | 山中嶋秀和（トヨタ自動車） | 12・14⑨ |
| 7 | 関野　大空（裾野東中3） | 11・22⑧ |
| 8 | 岡本姫渚乃（裾野東中3） | 11・00⑤ |
| 9 | 片岡　航大（深良小5） | 5・42⑭ |
| 10 | 松村　幸栄 | 9・45❶ |
| 11 | 飯塚　　厚（浜松商高3） | (新)12・18❶ |
| 12 | 山本　祥平（裾野市役所） | 15・28㉑ |
|  | 秋山龍之介（裾野西小6） |  |
|  | 菅沼　綾夏（須山小6） |  |
|  | 横山　　漣（富岡中3） |  |
|  | 廣瀬　　椰（裾野東中3） |  |
|  | 片岡　　華（深良中1） |  |
|  | 窪田　悠人（沼津東高2） |  |
|  | 山上　剛史（トヨタ自動車） |  |
|  | 根上　真菜（日女子体大1） |  |
|  | 細川　陽平（トヨタ自動車） |  |

**DATA**

【最高成績】第6回（2005年）6位 2時間19分59秒

|  |  |  |  |
|---|---|---|---|
| 2019年 | 第20回 | 市の部10位 | 2時間16分29秒 |
| 2018年 | 第19回 | 市の部 7位 | 2時間15分50秒 |
| 2017年 | 第18回 | 市の部11位 | 2時間18分09秒 |
| 2016年 | 第17回 | 市の部 7位 | 2時間15分41秒 |
| 2015年 | 第16回 | 市の部10位 | 2時間18分03秒 |
| 2014年 | 第15回 | 市の部11位 | 2時間18分26秒 |

Susono City

# 富士宮市 11

**市の部　8位　2時間17分00秒**

【監　督】佐野　友信（富士厚生会）
【コーチ】堀内　英俊（富士セラミックス）

| 区 | 氏名（所属） | 記録 |
|---|---|---|
| 1 | 島袋あゆみ（富士宮北高3） | 12･29⑬ |
| 2 | 嶋崎　龍希（柚野小6） | 6･39㉑ |
| 3 | 佐野　美涼（富士見小5） | 6･05⑳ |
| 4 | 藤田　咲良（日大三島高1） | 12･08⑥ |
| 5 | 平島　海愛（富士宮北高2） | 21･30⑭ |
| 6 | 大久保明彦（田子の浦埠頭） | 11･52② |
| 7 | 渡邊　莉玖（富士根南中3） | 10･58④ |
| 8 | 藤田　紅良（北山中1） | 11･01⑥ |
| 9 | 新垣　　蓮（富士見小5） | 5･38⑩ |
| 10 | 花﨑奈穂子（アシアル） | 11･14⑱ |
| 11 | 赤坂　侑磨（加藤学園高2） | 12･52⑤ |
| 12 | 遠藤　直基（ニッピ） | 14･34⑦ |
|  | 有田　　心（北山小5） |  |
|  | 杉崎　慎吾（富丘小5） |  |
|  | 後藤　光稀（大富士中2） |  |
|  | 橋本　昊磨（富士根南中2） |  |
|  | 後藤　　凛（日大三島高1） |  |
|  | 佐野　涼介（東海大静岡翔洋高2） |  |
|  | 藤島　治子（共立蒲原総合病院） |  |
|  | 篠原　理玖（静岡大3） |  |
|  | 齋藤　賢文（ブリヂストンケミテック） |  |

**DATA**

【最高成績】第14回（2013年）7位 2時間17分08秒

|  |  |  |  |
|---|---|---|---|
| 2019年 | 第20回 | 市の部　8位 | 2時間15分21秒 |
| 2018年 | 第19回 | 市の部11位 | 2時間19分27秒 |
| 2017年 | 第18回 | 市の部13位 | 2時間19分03秒 |
| 2016年 | 第17回 | 市の部14位 | 2時間19分24秒 |
| 2015年 | 第16回 | 市の部11位 | 2時間18分19秒 |
| 2014年 | 第15回 | 市の部　7位 | 2時間17分32秒 |

# 富士市 10

**市の部　3位　2時間12分30秒**

【監　督】福良　勝己（小林クリエイト）
【コーチ】工藤　清美（カインズCZ）

| 区 | 氏名（所属） | 記録 |
|---|---|---|
| 1 | 菅谷　茉生（常葉大菊川高3） | 11･43② |
| 2 | 後藤　立樹（須津小6） | 6･03④ |
| 3 | 渡辺はな乃（富士中央小6） | 5･35② |
| 4 | 小山　和月（鷹岡中2） | 11･35② |
| 5 | 山崎　兼吾（東海大静岡翔洋高2） | 21･13⑬ |
| 6 | 藤巻　耕太（セイセイトラフィック） | 12･06⑤ |
| 7 | 辻　　柊（富士南中3） | 10･53③ |
| 8 | 半田帆乃花（岩松中1） | 11･17⑪ |
| 9 | 遠藤　蒼依（富士中央小5） | 5･24③ |
| 10 | 小田　恵梨 | 9･47② |
| 11 | 関　日向汰（東海大静岡翔洋高1） | 13･02⑩ |
| 12 | 渡邉　奏太（サンベルクス） | 新13･52❶ |
|  | 漆畑　颯恭（丘小5） |  |
|  | 小山　和楽（鷹岡小5） |  |
|  | 森　　獅童（須津中2） |  |
|  | 望月　朝陽（富士中3） |  |
|  | 小林　ひよ（岳陽中2） |  |
|  | 白井　悠翔（東海大静岡翔洋高3） |  |
|  | 影山　貴大（東京学芸大4） |  |
|  | 土屋　直子（パイオラックス） |  |
|  | 荊沢　貴之（テルモ） |  |

**DATA**

【最高成績】第1回（2000年）1位 2時間16分12秒

|  |  |  |  |
|---|---|---|---|
| 2019年 | 第20回 | 市の部　4位 | 2時間13分10秒 |
| 2018年 | 第19回 | 市の部　3位 | 2時間13分49秒 |
| 2017年 | 第18回 | 市の部　2位 | 2時間13分16秒 |
| 2016年 | 第17回 | 市の部　8位 | 2時間16分29秒 |
| 2015年 | 第16回 | 市の部　4位 | 2時間14分53秒 |
| 2014年 | 第15回 | 市の部　5位 | 2時間16分22秒 |

Fuji City

# 静岡市静岡 13

市の部 7位 2時間15分45秒

【監　督】松浦賢太朗（静岡県警察清水警察署）
【コーチ】吉川　　紳（藤枝東高教諭）

| 区 | 氏名 | 所属 | 記録 |
|---|---|---|---|
| 1 | 舞谷　　恵 | 常葉大菊川高3 | 12・14⑩ |
| 2 | 永嶋　駿樹 | 安東小6 | 6・00② |
| 3 | 折山　千夏 | 服織小6 | 5・55⑫ |
| 4 | 小野田真歩 | 常葉大菊川高2 | 13・08⑳ |
| 5 | 千々岩　暁 | 藤枝明誠高1 | 20・56⑪ |
| 6 | 古屋　仁浩 | TKナイン | 12・16⑩ |
| 7 | 加藤　詩文 | 安東中3 | 11・09⑦ |
| 8 | 民谷　玲奈 | 安東中3 | 10・52④ |
| 9 | フレッチャー海斗 | 東源台小6 | 5・33⑥ |
| 10 | 北谷友梨佳 | 静岡大院2 | 10・21⑨ |
| 11 | 村松　　翼 | 藤枝明誠高1 | 12・55⑧ |
| 12 | 伊藤　　誠 | 木内建設 | 14・26⑥ |
| | 北嶋丈太郎 | 服織小6 | |
| | 西尾　心春 | 横内小5 | |
| | 山本　敬太 | 安東中3 | |
| | 伊東未来音 | 静岡東中3 | |
| | 齋藤　光希 | 藤枝明誠高3 | |
| | 平塚　心南 | 東海大静岡翔洋高1 | |
| | 石上　裕康 | 草薙激走会 | |
| | 稲岡　菜月 | 静岡県大3 | |
| | 小西　謙司 | TKナイン | |

DATA

【最高成績】第7回（2006年）1位 2時間15分13秒

|  |  |  |  |  |
|---|---|---|---|---|
| 2019年 | 第20回 | 市の部 | 2位 | 2時間12分22秒 |
| 2018年 | 第19回 | 市の部 | 2位 | 2時間13分31秒 |
| 2017年 | 第18回 | 市の部 | 4位 | 2時間14分08秒 |
| 2016年 | 第17回 | 市の部 | 4位 | 2時間13分22秒 |
| 2015年 | 第16回 | 市の部 | 6位 | 2時間15分31秒 |
| 2014年 | 第15回 | 市の部 | 6位 | 2時間16分59秒 |

Shizuoka City Shizuoka

# 静岡市清水 12

市の部 16位 2時間20分02秒

【監　督】風間　正克（理研軽金属工業）
【コーチ】鈴木　　駿（スズキ）

| 区 | 氏名 | 所属 | 記録 |
|---|---|---|---|
| 1 | 岩﨑　茉奈 | 東海大静岡翔洋高1 | 13・16㉒ |
| 2 | 岡田　　昊 | 清水辻小6 | 6・36⑲ |
| 3 | 前澤　琉音 | 清水浜田小6 | 5・45⑤ |
| 4 | 石田なつほ | 静岡東高3 | 13・38㉓ |
| 5 | 兵藤ジュダ | 東海大静岡翔洋高2 | 20・36⑥ |
| 6 | 川島　直輝 | Smiley Angel | 12・56⑱ |
| 7 | 望月那悠太 | 西奈中2 | 11・54㉔ |
| 8 | 上井　彩世 | 清水第二中1 | 11・28⑯ |
| 9 | 望月　祐汰 | 清水飯田東小6 | 5・43⑰ |
| 10 | 鴨志田海来 | 名城大3 | 9・54③ |
| 11 | 横山　昇羽 | 東海大静岡翔洋高3 | 13・07⑬ |
| 12 | 望月　遥平 | 創価大1 | 15・09⑰ |
| | 伴野　智星 | 由比小6 | |
| | 原田　由羽 | 清水不二見小5 | |
| | 野村　貢希 | 清水袖師中3 | |
| | 石野　颯太 | 清水飯田中3 | |
| | 遠藤　花音 | 清水第四中1 | |
| | 村上　優真 | 静岡東高3 | |
| | 塩津　実樹 | S-net静岡 | |
| | 堀　　健太 | ヨシケイ | |
| | 宮本　祐基 | 小糸製作所 | |

DATA

【最高成績】第4回（2003年）4位 2時間18分25秒

|  |  |  |  |  |
|---|---|---|---|---|
| 2019年 | 第20回 | 市の部 | 12位 | 2時間18分39秒 |
| 2018年 | 第19回 | 市の部 | 15位 | 2時間21分06秒 |
| 2017年 | 第18回 | 市の部 | 17位 | 2時間20分56秒 |
| 2016年 | 第17回 | 市の部 | 15位 | 2時間19分44秒 |
| 2015年 | 第16回 | 市の部 | 12位 | 2時間18分23秒 |
| 2014年 | 第15回 | 市の部 | 13位 | 2時間20分27秒 |

Shizuoka City Shimizu

# 藤枝市 15

**市の部 5位 2時間14分45秒**

【監　督】中村　信二（八雲精機製作所）
【コーチ】田中千穂子（芙蓉リサーチ）

| 区 | 氏名 | 所属 | 記録 |
|---|---|---|---|
| 1 | 増田　七菜 | （西益津中2） | 12・15⑪ |
| 2 | 市川　太羅 | （葉梨小6） | 6・14⑨ |
| 3 | 原木　莉那 | （藤枝小6） | 5・56⑭ |
| 4 | 清水　美月 | （葉梨中3） | 12・30⑪ |
| 5 | 小林　大祐 | （島田高3） | 20・30④ |
| 6 | 石上　真吾 | （藤枝市役所） | 12・07⑧ |
| 7 | 内倉　聡大 | （岡部中3） | 11・02⑤ |
| 8 | 富田紗也加 | （西益津中2） | 11・11⑩ |
| 9 | 美澤　央佑 | （広幡小5） | 5・39⑪ |
| 10 | 横馬　岬 | （藤枝特別支援学校教諭） | 9・59⑤ |
| 11 | 皆見　瞬助 | （藤枝明誠高2） | 12・43④ |
| 12 | 片山　優人 | （日本郵便） | 14・39⑨ |
| | 竹下　優 | （岡部小5） | |
| | 鈴木さくら | （高洲南小6） | |
| | 岡村　龍翔 | （瀬戸谷中2） | |
| | 遠入　綾杜 | （常葉大菊川高2） | |
| | 横打　陽菜 | （藤枝東高2） | |
| | 鈴木　珠恵 | （藤枝東高1） | |
| | 片山　大貴 | （見次クラブ） | |
| | 田中千穂子 | （芙蓉リサーチ） | |
| | 河村　憲生 | （藤枝市役所） | |

**DATA**

【最高成績】第12回（2011年）3位 2時間16分13秒

|  |  |  |  |
|---|---|---|---|
| 2019年 | 第20回 | 市の部14位 | 2時間19分14秒 |
| 2018年 | 第19回 | 市の部19位 | 2時間22分48秒 |
| 2017年 | 第18回 | 市の部12位 | 2時間18分56秒 |
| 2016年 | 第17回 | 市の部11位 | 2時間18分58秒 |
| 2015年 | 第16回 | 市の部 7位 | 2時間16分26秒 |
| 2014年 | 第15回 | 市の部 8位 | 2時間17分53秒 |

Fujieda City

# 焼津市 14

**市の部 14位 2時間19分32秒**

【監　督】原田洋一郎（自営業）
【コーチ】森下　則幸（志太消防本部）

| 区 | 氏名 | 所属 | 記録 |
|---|---|---|---|
| 1 | 青野　未翔 | （常葉大菊川高2） | 13・10⑲ |
| 2 | 佐久間　想 | （豊田小6） | 6・14⑨ |
| 3 | 青野　愛琉 | （大井川東小6） | 5・55⑫ |
| 4 | 蝦名　花菜 | （藤枝東高2） | 13・04⑱ |
| 5 | 松村龍之介 | （藤枝明誠高3） | 21・36⑯ |
| 6 | 坂下　哲也 | （ROUND5） | 12・06⑤ |
| 7 | 松永　昂也 | （豊田中3） | 11・50㉒ |
| 8 | 大須賀琴桃 | （大村中3） | 11・25⑮ |
| 9 | 初世　悠空 | （焼津東小6） | 5・42⑭ |
| 10 | 佐野亜友美 | （TKナイン） | 10・31⑪ |
| 11 | 鷲巣陸之進 | （東海大静岡翔洋高3） | 12・52⑤ |
| 12 | 村田　稔明 | （からだ工房らくだ） | 15・07⑯ |
| | 土屋　息吹 | （焼津西小5） | |
| | 久保山理子 | （東益津小6） | |
| | 平野　悠人 | （東益津中1） | |
| | 岩﨑華奈美 | （小川中2） | |
| | 松岡　慧 | （藤枝明誠高2） | |
| | 水野　桃子 | （焼津中央高2） | |
| | 鈴木　王人 | （ヤヨイサンフーズ） | |
| | 石川まりな | （サンエムパッケージ） | |
| | 久保田光博 | （ニッセー） | |

**DATA**

【最高成績】第2回（2001年）10位 2時間25分02秒

|  |  |  |  |
|---|---|---|---|
| 2019年 | 第20回 | 市の部15位 | 2時間19分32秒 |
| 2018年 | 第19回 | 市の部16位 | 2時間21分51秒 |
| 2017年 | 第18回 | 市の部19位 | 2時間21分14秒 |
| 2016年 | 第17回 | 市の部20位 | 2時間22分26秒 |
| 2015年 | 第16回 | 市の部18位 | 2時間22分27秒 |
| 2014年 | 第15回 | 市の部21位 | 2時間26分12秒 |

Yaizu City

# 牧之原市 17

市の部 23位 2時間24分24秒

【監　督】飯田　賢悟（牧之原市体協）
【コーチ】前田　明人（牧之原市体協）

| 区 | 氏名 | 所属 | 記録 |
|---|---|---|---|
| 1 | 河原崎姫花 | 東海大静岡翔洋高3 | 13・23㉓ |
| 2 | 西山　賢志 | 細江小6 | 6・32⑱ |
| 3 | 山﨑　美空 | 川崎小6 | 6・17㉔ |
| 4 | 吉塲　深月 | 榛原中3 | 12・50⑯ |
| 5 | 櫻井　健人 | 常葉大菊川高3 | 22・15㉑ |
| 6 | 大澤　友裕 | 大石建材 | 13・27㉔ |
| 7 | 大関　真宙 | 榛原中3 | 11・46⑱ |
| 8 | 加藤　陽向 | 榛原中2 | 12・34㉓ |
| 9 | 紅林　慶斗 | 菅山小5 | 5・58㉔ |
| 10 | 丸山　鳳純 | 東洋大1 | 10・22⑩ |
| 11 | 大石　悠斗 | 相良高3 | 14・21㉔ |
| 12 | 大澤　巧使 | 麗澤大1 | 14・39⑨ |
| | 中村　光祐 | 相良小6 | |
| | 岡田　優来 | 菅山小6 | |
| | 大澤　茉緒 | 細江小5 | |
| | 中田　凌介 | 相良中3 | |
| | 鈴木　音々 | 相良中2 | |
| | 河村　裕太 | 藤枝東高2 | |
| | 河守　大世 | 東京経済大3 | |
| | 大石由美子 | 日機装 | |
| | 藤田　佳将 | 菜彩ファーム | |

DATA

【最高成績】第14回（2013年）13位 2時間21分27秒

|  |  |  |  |
|---|---|---|---|
| 2019年 | 第20回 | 市の部17位 | 2時間20分55秒 |
| 2018年 | 第19回 | 市の部17位 | 2時間22分08秒 |
| 2017年 | 第18回 | 市の部16位 | 2時間20分17秒 |
| 2016年 | 第17回 | 市の部16位 | 2時間19分51秒 |
| 2015年 | 第16回 | 市の部15位 | 2時間19分29秒 |
| 2014年 | 第15回 | 市の部14位 | 2時間20分35秒 |

Makinohara City

# 島田市 16

市の部 9位 2時間17分37秒

【監　督】神谷　義弘（島田市陸協）
【コーチ】松原　　誠（中部電力）

| 区 | 氏名 | 所属 | 記録 |
|---|---|---|---|
| 1 | 町　碧海 | 常葉大菊川高3 | 11・49⑤ |
| 2 | 山谷　凛大 | 初倉南小6 | 6・56㉕ |
| 3 | 又平　藍寧 | 六合東小6 | 6・02⑱ |
| 4 | 田島　愛理 | 静岡サレジオ高1 | 11・53④ |
| 5 | 杉本　訓也 | 島田高3 | 20・33⑤ |
| 6 | 粕谷　　悠 | 島田高教諭 | 12・41⑭ |
| 7 | 大村　祐史 | 初倉中3 | 11・24⑩ |
| 8 | 渡邉　華那 | 六合中3 | 10・37② |
| 9 | 鈴木　　雫 | 島田第二小5 | 5・41⑫ |
| 10 | 亀山　　希 | 富士宮第四中教諭 | 11・37㉑ |
| 11 | 橘　　雷斗 | 東海大静岡翔洋高1 | 13・30⑰ |
| 12 | 片川　準二 | 島田市役所 | 14・54⑬ |
| | 大畑　陽暖 | 六合小5 | |
| | 大村駿太朗 | 初倉南小6 | |
| | 杉岡　輝彦 | 初倉中3 | |
| | 大石　芽依 | 金谷中1 | |
| | 竹下　柚稀 | 静岡高1 | |
| | 新村　瑠奈 | 東海大静岡翔洋高2 | |
| | 枝村　高輔 | 自営業 | |
| | 中村　紗希 | 愛知大2 | |
| | 杉山　文利 | マルハチ村松 | |

DATA

【最高成績】第5回（2004年）4位 2時間18分58秒

|  |  |  |  |
|---|---|---|---|
| 2019年 | 第20回 | 市の部 7位 | 2時間15分11秒 |
| 2018年 | 第19回 | 市の部12位 | 2時間19分27秒 |
| 2017年 | 第18回 | 市の部15位 | 2時間20分00秒 |
| 2016年 | 第17回 | 市の部19位 | 2時間22分07秒 |
| 2015年 | 第16回 | 市の部17位 | 2時間20分44秒 |
| 2014年 | 第15回 | 市の部12位 | 2時間18分58秒 |

Shimada City

# 菊川市 19

**市の部 21位 2時間23分06秒**

| | | |
|---|---|---|
| 【監　督】黒田　　明（自営業） | | |
| 【コーチ】宮城　　葵（アプロス菊川） | | |
| 1 | 平野　楓奈（菊川東中3） | 13・35㉔ |
| 2 | 齋藤　隆太（河城小6） | 6・19⑬ |
| 3 | 鈴木　愛理（加茂小6） | 5・51⑨ |
| 4 | 赤堀　　光（常葉大菊川高1） | 13・07⑲ |
| 5 | 清水　佑介（藤枝明誠高3） | 22・27㉒ |
| 6 | 大橋　史佳（ワイケーデザインリンク） | 12・57⑲ |
| 7 | 井指　　陸（菊川西中3） | 11・46⑱ |
| 8 | 赤堀　　華（菊川東中3） | 11・42⑲ |
| 9 | 内海　理稀（小笠南小6） | 5・36⑧ |
| 10 | 馬込　千帆（静岡県大院2） | 10・31⑪ |
| 11 | 松井　　潤（常葉大菊川高3） | 13・42⑱ |
| 12 | 三浦　拓也（菊川市役所） | 15・33㉒ |
| | 松村　政宗（河城小6） | |
| | 山下真冬花（加茂小6） | |
| | 馬込　航成（菊川東中3） | |
| | 松下　晃大（常葉大菊川高1） | |
| | 後藤　美咲（常葉大菊川高3） | |
| | 橋本　麻代（小笠高2） | |
| | 富井　一仁（岳洋中教諭） | |
| | 中島　萌楓（LIHIT LAB.） | |
| | 橋本　知典（ユニチャームプロダクツ） | |

**DATA**

【最高成績】第11回（2010年）13位 2時間23分25秒

| | | | |
|---|---|---|---|
| 2019年 | 第20回 | 市の部19位 | 2時間21分36秒 |
| 2018年 | 第19回 | 市の部18位 | 2時間22分21秒 |
| 2017年 | 第18回 | 市の部23位 | 2時間24分18秒 |
| 2016年 | 第17回 | 市の部21位 | 2時間22分52秒 |
| 2015年 | 第16回 | 市の部20位 | 2時間23分53秒 |
| 2014年 | 第15回 | 市の部22位 | 2時間26分14秒 |

Kikugawa City

# 御前崎市 18

**市の部 12位 2時間18分58秒**

| | | |
|---|---|---|
| 【監　督】清水　　樂（池新田高教諭） | | |
| 【コーチ】大橋　昌弘（中部プラントサービス） | | |
| 1 | 沖　　千都（常葉大菊川高2） | 12・20⑫ |
| 2 | 長島　駆流（御前崎第一小6） | 6・21⑭ |
| 3 | 内田あおい（浜岡北小6） | 6・07㉑ |
| 4 | 漢人ひかり（浜岡中1） | 12・34⑫ |
| 5 | 伊藤　大晴（島田高3） | 20・52⑨ |
| 6 | 榎田　勇人（中部電力） | 13・04㉒ |
| 7 | 武田　悠佑（浜岡中3） | 11・37⑮ |
| 8 | 坂本未怜唯（浜岡中1） | 11・42⑲ |
| 9 | 鈴木　琉生（御前崎第一小6） | 6・02㉕ |
| 10 | 丸尾　ミカ（ウエルシア） | 11・13⑰ |
| 11 | 植田　航生（常葉大菊川高1） | 12・52⑤ |
| 12 | 横山　　諒（スズキ浜松AC） | 14・14④ |
| | 酒井直汰朗（御前崎第一小4） | |
| | 池田　真央（御前崎第一小5） | |
| | 植田　貴翔（御前崎中3） | |
| | 揚張　　結（浜岡中2） | |
| | 高柳　藍海（常葉大菊川中1） | |
| | 植田　悠生（常葉大菊川高1） | |
| | 山本　晃平（浜岡LDC） | |
| | 藤田　智子（主婦） | |
| | 北原　弘明（浜岡北小校長） | |

**DATA**

【最高成績】第9回（2008年）15位 2時間23分55秒

| | | | |
|---|---|---|---|
| 2019年 | 第20回 | 市の部23位 | 2時間25分14秒 |
| 2018年 | 第19回 | 市の部24位 | 2時間28分54秒 |
| 2017年 | 第18回 | 市の部25位 | 2時間27分18秒 |
| 2016年 | 第17回 | 市の部24位 | 2時間27分33秒 |
| 2015年 | 第16回 | 市の部23位 | 2時間26分13秒 |
| 2014年 | 第15回 | 市の部23位 | 2時間26分41秒 |

Omaezaki City

# 袋井市 21

市の部 11位 2時間18分33秒

| | | | |
|---|---|---|---|
| 【監　督】 | 原田　幸雄 | （東海物産） | |
| 【コーチ】 | 窪野　　治 | （NTN） | |
| 1 | 久野　桜彩 | （常葉大菊川高3） | 11・48④ |
| 2 | 中山　結基 | （山名小6） | 6・26⑯ |
| 3 | 佐田元寧々 | （袋井北小6） | 6・00⑯ |
| 4 | 田添　星来 | （浜松開誠館高1） | 12・15⑦ |
| 5 | 小林　丈留 | （浜松工高2） | 20・54⑩ |
| 6 | 渡部　直矢 | （袋井市役所） | 12・54⑰ |
| 7 | 鈴木　丈暁 | （袋井南中2） | 11・36⑭ |
| 8 | 松澤　　凛 | （袋井中1） | 11・08⑨ |
| 9 | 髙橋　柊音 | （袋井西小6） | 5・44⑱ |
| 10 | 鈴木　理瑚 | （袋井特別支援学校教諭） | 11・06⑯ |
| 11 | 小嶋　　潤 | （周南中3） | 13・54㉒ |
| 12 | 香川　琉太 | （イノベックス） | 14・48⑫ |
| | 井本　　武 | （袋井北小5） | |
| | 松澤　　怜 | （袋井北小6） | |
| | 鈴木　奏音 | （袋井中2） | |
| | 伊藤　聡平 | （浜松商高2） | |
| | 岸邊　悠翔 | （磐田農高3） | |
| | 井谷　夏菜 | （磐田農高2） | |
| | 古田尚太郎 | （袋井中教諭） | |
| | 松澤　明希 | （森町病院） | |
| | 髙橋　俊明 | （高橋モータース） | |

**DATA**

【最高成績】第3回（2002年）8位 2時間23分23秒

| | | | |
|---|---|---|---|
| 2019年 | 第20回 | 市の部16位 | 2時間20分44秒 |
| 2018年 | 第19回 | 市の部14位 | 2時間20分46秒 |
| 2017年 | 第18回 | 市の部18位 | 2時間21分03秒 |
| 2016年 | 第17回 | 市の部18位 | 2時間21分57秒 |
| 2015年 | 第16回 | 市の部19位 | 2時間23分47秒 |
| 2014年 | 第15回 | 市の部20位 | 2時間24分25秒 |

Fukuroi City

# 掛川市 20

市の部 17位 2時間20分36秒

| | | | |
|---|---|---|---|
| 【監　督】 | 原田　典明 | （上内田小教諭） | |
| 【コーチ】 | 鶴田　昌一 | （掛川市陸協） | |
| 1 | 眞田　木葉 | （浜松商高3） | 12・09⑨ |
| 2 | 山本　正人 | （掛川第二小6） | 6・28⑰ |
| 3 | 佐川　智咲 | （城北小6） | 5・53⑪ |
| 4 | 渥美　和葉 | （小笠高2） | 12・52⑰ |
| 5 | 松浦　海瑠 | （浜松西高2） | 20・51⑧ |
| 6 | 森田　尚史 | （山下工業研究所） | 13・06㉓ |
| 7 | 中村　匠政 | （桜が丘中3） | 11・51㉓ |
| 8 | 戸塚　光梨 | （掛川西中2） | 11・20⑭ |
| 9 | 佐野　　嶺 | （桜木小5） | 5・41⑫ |
| 10 | 野上りつ子 | （倉真小教諭） | 11・20⑳ |
| 11 | 松本　悠真 | （島田高1） | 13・26⑮ |
| 12 | 杉山　晃聖 | （杏林堂薬局） | 15・39㉓ |
| | 戸塚　にこ | （原田小6） | |
| | 岡部　叶和 | （掛川西中2） | |
| | 平尾　拓煌 | （掛川北中2） | |
| | 稲村佳奈子 | （掛川西中2） | |
| | 龍尾　茉那 | （掛川北中1） | |
| | 中山　有馬 | （NTN） | |
| | 大石ますみ | （加茂小教諭） | |
| | 松浦　　徹 | （NDS） | |

**DATA**

【最高成績】第1回（2000年）6位 2時間24分58秒

| | | | |
|---|---|---|---|
| 2019年 | 第20回 | 市の部20位 | 2時間21分52秒 |
| 2018年 | 第19回 | 市の部20位 | 2時間23分13秒 |
| 2017年 | 第18回 | 市の部20位 | 2時間21分38秒 |
| 2016年 | 第17回 | 市の部17位 | 2時間20分08秒 |
| 2015年 | 第16回 | 市の部24位 | 2時間27分04秒 |
| 2014年 | 第15回 | 市の部15位 | 2時間21分14秒 |

Kakegawa City

# 浜松市北部 23

**市の部 1位 2時間10分49秒**

【監　督】杉原　勇蔵（浜松開誠館中・高教諭）
【コーチ】大間　　孝（ユタカ技研）

| 区 | 氏名 | 所属 | 記録 |
|---|---|---|---|
| 1 | 澤田　結弥 | （細江中3） | 11・44③ |
| 2 | 柘植　源太 | （中川小5） | 5・57❶ |
| 3 | 和田　　心 | （浜名小6） | 5・49⑧ |
| 4 | 宮津季亜来 | （浜松開誠館高3） | 11・47③ |
| 5 | 牛　　誠偉 | （浜松商高3） | 19・56② |
| 6 | 鈴木　建吾 | （エフ・シー・シー） | 12・06⑤ |
| 7 | 杉浦　蒼太 | （北浜中3） | 10・40❶ |
| 8 | 安井友真里 | （細江中3） | 10・25❶ |
| 9 | 鈴木　歩夢 | （赤佐小6） | 5・25④ |
| 10 | 奥山　紗帆 | （浜松ホトニクス） | 10・13⑥ |
| 11 | 古井　康介 | （浜松日体高2） | 12・31③ |
| 12 | 鈴木　　覚 | （スポーツタウンメイセイ） | 14・16⑤ |
| | 小田　桜雅 | （内野小5） | |
| | 夏目　恋李 | （気賀小4） | |
| | 小田　大雅 | （北浜中2） | |
| | 三潟　憲人 | （藤枝明誠高3） | |
| | 横道　亜未 | （常葉大菊川高3） | |
| | 内山菜々子 | （浜松工高2） | |
| | 藤田　隆寛 | （Honda-RC） | |
| | 磯部　元美 | （主婦） | |
| | 中村　紀博 | （浜松ホトニクス） | |

**DATA**

【最高成績】第16回（2015年）1位 2時間12分09秒

2019年 第20回　市の部　6位　2時間13分36秒
2018年 第19回　市の部　4位　2時間15分12秒
2017年 第18回　市の部　1位　2時間12分39秒
2016年 第17回　市の部　3位　2時間13分18秒
2015年 第16回　市の部　1位　2時間12分09秒
2014年 第15回　市の部　2位　2時間14分34秒

Hamamatsu City Hokubu

# 磐田市 22

**市の部 13位 2時間19分16秒**

【監　督】平野　恭利（浜名梱包輸送）
【コーチ】漆畑　詔一（天竜厚生会）

| 区 | 氏名 | 所属 | 記録 |
|---|---|---|---|
| 1 | 蜂須賀夕來 | （城山中3） | 13・01⑰ |
| 2 | 藤井　拓輝 | （磐田西小6） | 6・22⑮ |
| 3 | 大庭菜南美 | （豊田南小6） | 5・47⑦ |
| 4 | 中村　環菜 | （豊岡中2） | 12・35⑬ |
| 5 | 鈴木　陽道 | （浜松商高2） | 21・40⑰ |
| 6 | 鈴木　清志 | （浜松ホトニクス） | 12・51⑯ |
| 7 | 鈴木　海登 | （豊田南中2） | 11・37⑮ |
| 8 | 川島　さら | （竜洋中2） | 11・06⑦ |
| 9 | 河合　拓杜 | （竜洋西小6） | 5・15② |
| 10 | 澤木　はな | （静岡産大1） | 10・37⑭ |
| 11 | 今田　稜真 | （浜松商高2） | 13・26⑮ |
| 12 | 中尾　勇生 | （杏林堂薬局） | 14・59⑭ |
| | 大橋　歩夢 | （福田小5） | |
| | 小林　桜空 | （長野小6） | |
| | 山本　俊哉 | （神明中3） | |
| | 伊藤　姫来 | （福田中3） | |
| | 蜂須賀來奈 | （城山中3） | |
| | 永井　克樹 | （浜松商高1） | |
| | 鈴木映里奈 | （静岡産大4） | |
| | 杉浦　　直 | （市スポーツ協会） | |
| | 瀧口　　哉 | （NTN） | |

**DATA**

【最高成績】第18回（2017年）5位 2時間14分21秒

2019年 第20回　市の部　9位　2時間16分16秒
2018年 第19回　市の部　6位　2時間15分45秒
2017年 第18回　市の部　5位　2時間14分21秒
2016年 第17回　市の部　5位　2時間14分53秒
2015年 第16回　市の部　8位　2時間17分35秒
2014年 第15回　市の部　9位　2時間18分05秒

Iwata City

# 湖西市 25

市の部 10位 2時間18分16秒

【監　督】長田　裕二（湖西市役所）
【コーチ】中嶋　克太（日東電工）

| 区間 | 氏名 | 所属 | 記録 |
|---|---|---|---|
| 1 | 鬼頭このみ | 山梨学院高3 | 11·49⑥ |
| 2 | 石川　直仁 | 鷲津小6 | 6·10⑦ |
| 3 | 久島　結希 | 新居小6 | 6·03⑲ |
| 4 | 鈴木　笑理 | 常葉大菊川高3 | 12·26⑨ |
| 5 | 尾﨑　健斗 | 浜松商高3 | 20·06③ |
| 6 | 飯田　涼平 | スズキ | 12·19⑪ |
| 7 | 辻本　桜寿 | 浜松開誠館中3 | 10·51② |
| 8 | 髙野　夏梨 | 新居中3 | 11·32⑱ |
| 9 | 金田　煌白 | 岡崎小5 | 5·33⑥ |
| 10 | 堀川はる菜 | 中電ウイング | 12·21㉕ |
| 11 | 中嶋　将太 | 浜松日体高3 | 12·57⑨ |
| 12 | 鈴木　龍一 | 常葉大1 | 16·09㉔ |
| | 北原　彰真 | 新居小6 | |
| | 金田　陽愛 | 岡崎小3 | |
| | 山内　真潤 | 浜松開誠館中3 | |
| | 鈴木　颯桜 | 岡崎中3 | |
| | 牛田　陸翔 | 浜松商高2 | |
| | 袴田　真叶 | 豊川高2 | |
| | 小野田　樹 | 湖西市消防本部 | |
| | 松井　美來 | 常葉大4 | |
| | 豊田　健一 | GSユアサエナジー | |

DATA

【最高成績】第18回（2017年）8位 2時間15分11秒

|  |  |  |  |
|---|---|---|---|
| 2019年 | 第20回 | 市の部11位 | 2時間18分11秒 |
| 2018年 | 第19回 | 市の部10位 | 2時間18分34秒 |
| 2017年 | 第18回 | 市の部 8位 | 2時間15分11秒 |
| 2016年 | 第17回 | 市の部10位 | 2時間18分19秒 |
| 2015年 | 第16回 | 市の部16位 | 2時間19分38秒 |
| 2014年 | 第15回 | 市の部17位 | 2時間21分53秒 |

# 浜松市南部 24

市の部 4位 2時間12分58秒

【監　督】川井　宏之（与進中講師）
【コーチ】溝垣　昌久（上島小教諭）

| 区間 | 氏名 | 所属 | 記録 |
|---|---|---|---|
| 1 | 太田　実優 | 袋井商高3 | 11·51⑦ |
| 2 | 齋藤　操汰 | 大瀬小6 | 6·02③ |
| 3 | 大杉　彩稀 | 豊西小6 | 5·32❶ |
| 4 | 兼子　心晴 | 浜松市立高2 | 11·14❶ |
| 5 | 秋山　滉貴 | 浜松西高3 | 20·41⑦ |
| 6 | 髙木　大 | J&Hジャパン | 11·56③ |
| 7 | 三輪　陸人 | 曳馬中3 | 11·47⑳ |
| 8 | 鈴木結莉乃 | 開成中2 | 11·19⑬ |
| 9 | 門奈正太郎 | 笠井小6 | 5·14❶ |
| 10 | 岡田　優花 | 中京学院大1 | 10·20⑦ |
| 11 | 平野　竜我 | 浜松商高3 | 12·28② |
| 12 | 髙林　遼哉 | スポーツタウンメイセイ | 14·34⑦ |
| | 河合　柚奈 | 和田小6 | |
| | 髙橋　悠真 | 静大附浜松小5 | |
| | 田窪　玲央 | 佐鳴台中3 | |
| | 戸田　涼来 | 笠井中3 | |
| | 鈴木　翔大 | 浜松西高2 | |
| | 伊藤　果矢 | 浜松市立高2 | |
| | 金子　雅也 | 日星電気 | |
| | 松本みなこ | 都田南小教諭 | |
| | 赤堀　正隆 | 中部印刷 | |

DATA　※第21回（2020年）から 浜松市南部 として出場

【参考記録】

**浜松市中央**【最高成績】第8回（2007年）1位 2時間15分20秒

|  |  |  |  |
|---|---|---|---|
| 2019年 | 第20回 | 市の部 5位 | 2時間13分25秒 |
| 2018年 | 第19回 | 市の部 8位 | 2時間17分24秒 |

**浜松市西部**【最高成績】第17回（2016年）1位 2時間11分07秒

|  |  |  |  |
|---|---|---|---|
| 2019年 | 第20回 | 市の部 3位 | 2時間12分49秒 |
| 2018年 | 第19回 | 市の部 5位 | 2時間15分13秒 |

Hamamatsu City Nanbu

# 河津町 27

町の部 7位 2時間27分48秒

【監　督】大坪　　宏（卓設計工房）
【コーチ】村串　弘親（河津町役場）

| 区 | 氏名 | 所属 | 記録 |
|---|---|---|---|
| 1 | 酒井　涼帆 | （河津中3） | 13・42⑪ |
| 2 | 島田　隼弥 | （河津南小6） | 6・28⑥ |
| 3 | 酒井　鈴奈 | （河津南小6） | 6・03④ |
| 4 | 木下小百合 | （下田高2） | 13・47⑥ |
| 5 | 正木　　楓 | （藤枝明誠高3） | 21・44⑤ |
| 6 | 鳥澤　祐一 | （下田高教諭） | 12・58⑥ |
| 7 | 稲葉　昊希 | （河津中1） | 12・35⑪ |
| 8 | 金指　星来 | （河津中1） | 12・17⑦ |
| 9 | 村尾　奏空 | （河津南小6） | 5・40❶ |
| 10 | 飯田　真子 | （稲取小教諭） | 12・26⑨ |
| 11 | 大橋　　歩 | （下田高2） | 13・23⑤ |
| 12 | 山下　永吉 | （河津町役場） | 16・45⑫ |
|  | 加納　春輝 | （河津南小6） |  |
|  | 鈴木　　澪 | （河津南小6） |  |
|  | 土屋　光叶 | （河津中3） |  |
|  | 植田　愛子 | （河津中3） |  |
|  | 山本　紗弥 | （河津中2） |  |
|  | 菊地　祐明 | （飛龍高1） |  |
|  | 鈴木　丈太 | （信州大4） |  |
|  | 正木　瑠香 | （会社員） |  |
|  | 鈴木　健五 | （大賀茂小校長） |  |
|  | 片山　径介 | （河津東小教諭） |  |

DATA

【最高成績】第16回（2015年）6位 2時間27分05秒

|  |  |  |  |
|---|---|---|---|
| 2019年 | 第20回 | 町の部 7位 | 2時間29分25秒 |
| 2018年 | 第19回 | 町の部 6位 | 2時間27分56秒 |
| 2017年 | 第18回 | 町の部 6位 | 2時間27分54秒 |
| 2016年 | 第17回 | 町の部10位 | 2時間33分38秒 |
| 2015年 | 第16回 | 町の部 6位 | 2時間27分05秒 |
| 2014年 | 第15回 | 町の部 8位 | 2時間31分21秒 |

Kawazu Town

# 東伊豆町 26

町の部 12位 2時間34分37秒

【監　督】下川　順一（稲取高教諭）
【コーチ】島田　友也（東伊豆町役場）

| 区 | 氏名 | 所属 | 記録 |
|---|---|---|---|
| 1 | 山田　ゆい | （下田高2） | 13・20⑦ |
| 2 | 山﨑　　洸 | （稲取小6） | 7・07⑫ |
| 3 | 藤邉　妙果 | （稲取小6） | 6・58⑫ |
| 4 | 山本ゆりか | （熱川中2） | 15・40⑫ |
| 5 | 鈴木　政史 | （稲取高3） | 22・33⑦ |
| 6 | 内山　伸浩 | （熱川温泉病院） | 14・17⑪ |
| 7 | 八代　勇渡 | （熱川中2） | 12・24⑨ |
| 8 | 細川　優愛 | （熱川中1） | 13・15⑫ |
| 9 | 榎本　壮志 | （熱川小5） | 6・35⑪ |
| 10 | 佐藤　　歩 | （小学校教諭） | 12・38⑩ |
| 11 | 平山　　翔 | （稲取高1） | 14・41⑩ |
| 12 | 加藤　廣貴 | （清水特別支援学校教諭） | 15・09⑧ |
|  | 石黒　澄空 | （稲取小5） |  |
|  | 梅原　莉七 | （熱川小6） |  |
|  | 山本　拓冬 | （稲取中2） |  |
|  | 中西　仁瑚 | （熱川中2） |  |
|  | 藤邉　心海 | （韮山高1） |  |
|  | 井原　唯翔 | （駿東伊豆消防本部） |  |

DATA

【最高成績】第13回（2012年）8位 2時間30分48秒

|  |  |  |  |
|---|---|---|---|
| 2019年 | 第20回 | 町の部12位 | 2時間36分42秒 |
| 2018年 | 第19回 | 町の部11位 | 2時間32分47秒 |
| 2017年 | 第18回 | 町の部11位 | 2時間33分18秒 |
| 2016年 | 第17回 | 町の部 8位 | 2時間31分38秒 |
| 2015年 | 第16回 | 町の部10位 | 2時間32分00秒 |
| 2014年 | 第15回 | 町の部 9位 | 2時間32分28秒 |

Higashiizu Town

Town

## 松崎町 29

**町の部 11位 2時間31分34秒**

| | | | |
|---|---|---|---|
| 【監　督】 | 土屋　武彦（松崎中非常勤講師） | | |
| 【コーチ】 | 石田　和也（公務員） | | |
| 1 | 矢野　優歌 | （下田高1） | 13・24⑩ |
| 2 | 山崎　拳慎 | （松崎小6） | 6・39⑧ |
| 3 | 小鹿　美羽 | （松崎小4） | 6・16⑧ |
| 4 | 齋藤　百花 | （松崎中1） | 14・10⑩ |
| 5 | 関　　公貴 | （松崎高2） | 25・21⑫ |
| 6 | 武田　拓郎 | （アンドーカーパーツ） | 13・06⑦ |
| 7 | 稲葉　大晴 | （松崎中3） | 12・27⑩ |
| 8 | 稲葉　友香 | （松崎中2） | 12・56⑩ |
| 9 | 勝呂　諒月 | （松崎小6） | 6・00⑧ |
| 10 | 高見　育美 | （門屋学校給食センター） | 10・46③ |
| 11 | 田中　大喜 | （松崎中3） | 15・22⑫ |
| 12 | 渡辺　裕晴 | （松崎町役場） | 15・07⑦ |
| | 関　　寛太 | （松崎小6） | |
| | 松原　莉奈 | （松崎小4） | |
| | 飯野　太陽 | （松崎中2） | |
| | 福本　　蘭 | （松崎中2） | |
| | 山田　采礼 | （松崎高3） | |
| | 稲葉　初樹 | （松崎高2） | |
| | 関　まどか | （松崎十字の園） | |
| | 森　　哲也 | （自営業） | |
| | 関　　　剛 | （自営業） | |

**DATA**

【最高成績】第12回（2011年）6位 2時間25分09秒

| | | | |
|---|---|---|---|
| 2019年 | 第20回 | 町の部11位 | 2時間34分47秒 |
| 2018年 | 第19回 | 町の部 8位 | 2時間31分04秒 |
| 2017年 | 第18回 | 町の部 8位 | 2時間31分17秒 |
| 2016年 | 第17回 | 町の部 7位 | 2時間30分14秒 |
| 2015年 | 第16回 | 町の部 7位 | 2時間28分05秒 |
| 2014年 | 第15回 | 町の部 7位 | 2時間28分21秒 |

Matsuzaki Town

## 南伊豆町 28

**町の部 9位 2時間30分57秒**

| | | | |
|---|---|---|---|
| 【監　督】 | 桐原　健造 | | |
| 【コーチ】 | 山田　政弘（下田消防本部） | | |
| 1 | 遠藤　　雫 | （南伊豆中1） | 13・19⑥ |
| 2 | 山本　啓太 | （南中小6） | 6・55⑩ |
| 3 | 遠藤　　汐 | （南中小5） | 6・19⑨ |
| 4 | 尋々　みな | （南伊豆東中3） | 14・53⑪ |
| 5 | 山田　晴翔 | （韮山高1） | 23・25⑨ |
| 6 | 鈴木　護弘 | （下田OA） | 新11・49❶ |
| 7 | 藤原　健慎 | （南伊豆東中1） | 12・37⑫ |
| 8 | 渡邉　　結 | （南伊豆中1） | 13・10⑪ |
| 9 | 土屋　孝輔 | （南中小6） | 6・03⑨ |
| 10 | 山本　麻衣 | （東京経済大4） | 12・15⑦ |
| 11 | 秋山　葉音 | （下田高1） | 13・50⑧ |
| 12 | 山本　陽介 | （梓友会） | 16・22⑪ |
| | 山口　比呂 | （南中小6） | |
| | 井上　彩姫 | （南伊豆東小6） | |
| | 外岡　勇望 | （南伊豆中1） | |
| | 山田　朱莉 | （南伊豆東中2） | |
| | 外岡　賢人 | （下田高3） | |
| | 尋々　　礼 | （下田高2） | |
| | 山本　遼哉 | （建設技術研究所） | |
| | 森　　朝子 | （飲食店） | |
| | 笠井　　慎 | （稲取車体整備工場） | |

**DATA**

【最高成績】第14回（2013年）8位 2時間30分47秒

| | | | |
|---|---|---|---|
| 2019年 | 第20回 | 町の部10位 | 2時間32分15秒 |
| 2018年 | 第19回 | 町の部12位 | 2時間33分58秒 |
| 2017年 | 第18回 | 町の部10位 | 2時間33分14秒 |
| 2016年 | 第17回 | 町の部11位 | 2時間34分16秒 |
| 2015年 | 第16回 | 町の部 9位 | 2時間30分52秒 |
| 2014年 | 第15回 | 町の部11位 | 2時間35分04秒 |

Minamiizu Town

# 函南町 31

町の部 3位 2時間18分33秒

【監　督】土屋　洋治（函南町陸協）
【コーチ】内田　光紀（函南町陸協）

| 区 | 氏名 | 所属 | 記録 |
|---|---|---|---|
| 1 | 菅田　もも | （日大三島高3） | 11·55❶ |
| 2 | 藤田　寛人 | （函南西小6） | 6·04❶ |
| 3 | 露木菜々美 | （函南小6） | 6·06⑥ |
| 4 | 小池　羽純 | （伊豆中央高3） | 12·13④ |
| 5 | 野田　大空 | （伊豆中央高2） | 21·20② |
| 6 | 石井　俊也 | （函南RC） | 13·47⑩ |
| 7 | 出田　義貴 | （函南東中3） | 11·14④ |
| 8 | 斎藤　愛莉 | （函南東中3） | 11·12④ |
| 9 | 井上琥太郎 | （函南小5） | 5·44④ |
| 10 | 渡邉　望帆 | （日大三島高・中職員） | 10·52④ |
| 11 | 榎本　晃大 | （日大三島高3） | 13·06③ |
| 12 | 高橋　武蔵 | （SPOPIAシラトリ） | 15·00⑥ |
| | 大石　海人 | （函南小5） | |
| | 山口　稀月 | （函南東小6） | |
| | 石井　貴之 | （函南東中2） | |
| | 斎藤　未愛 | （函南東中1） | |
| | 渕　瑚春 | （函南中3） | |
| | 野田　大和 | （函南中2） | |
| | 橋本　隼輔 | （丹那牛乳） | |
| | 小林麻理紗 | （静岡医療センター） | |
| | 渡辺　秀一 | （JA三島函南） | |

DATA

【最高成績】第19回（2018年）1位 2時間16分30秒

|  |  |  |  |  |
|---|---|---|---|---|
| 2019年 | 第20回 | 町の部 | 3位 | 2時間18分13秒 |
| 2018年 | 第19回 | 町の部 | 1位 | 2時間16分30秒 新 |
| 2017年 | 第18回 | 町の部 | 1位 | 2時間18分43秒 |
| 2016年 | 第17回 | 町の部 | 2位 | 2時間19分38秒 |
| 2015年 | 第16回 | 町の部 | 1位 | 2時間17分11秒 |
| 2014年 | 第15回 | 町の部 | 2位 | 2時間18分18秒 |

Kannami Town

# 西伊豆町 30

町の部 8位 2時間30分11秒

【監　督】渥美　貴弘（賀茂小教諭）
【コーチ】矢岸　高弘

| 区 | 氏名 | 所属 | 記録 |
|---|---|---|---|
| 1 | 朝倉　陽菜 | （西伊豆中2） | 13·55⑫ |
| 2 | 井堀　玲音 | （賀茂小6） | 6·16② |
| 3 | 堤　月姫 | （仁科小6） | 6·05⑤ |
| 4 | 長島　柚衣 | （賀茂中2） | 14·02⑨ |
| 5 | 加藤　月永 | （加藤学園高3） | 22·12⑥ |
| 6 | 井堀　浩央 | | 13·37⑨ |
| 7 | 宇都宮海斗 | （西伊豆中2） | 12·22⑧ |
| 8 | 藤井　美海 | （賀茂中1） | 12·36⑧ |
| 9 | 宇都宮陸斗 | （田子小5） | 5·50⑥ |
| 10 | 山田　麻衣 | （静岡北特別支援学校教諭） | 12·11⑥ |
| 11 | 平野　勇輝 | （松崎高2） | 15·04⑪ |
| 12 | 山本　真一 | （陸上自衛隊富士第105全般支援大隊） | 16·01⑨ |
| | 堤　蓮王 | （仁科小4） | |
| | 佐藤　瀬奈 | （仁科小4） | |
| | 須田　勝 | （西伊豆中3） | |
| | 鈴木　華恋 | （西伊豆中1） | |
| | 森本　凛 | （賀茂中2） | |
| | 鈴木　勇志 | （賀茂中1） | |
| | 長島　鼓 | （常葉大3） | |
| | 大野　舞嘉 | | |
| | 芹沢　且彦 | （田子小教諭） | |

DATA

【最高成績】第20回（2019年）9位 2時間30分07秒

|  |  |  |  |  |
|---|---|---|---|---|
| 2019年 | 第20回 | 町の部 | 9位 | 2時間30分07秒 |
| 2018年 | 第19回 | 町の部 | 10位 | 2時間32分43秒 |
| 2017年 | 第18回 | 町の部 | 12位 | 2時間34分21秒 |
| 2016年 | 第17回 | 町の部 | 9位 | 2時間32分20秒 |
| 2015年 | 第16回 | 町の部 | 11位 | 2時間33分10秒 |
| 2014年 | 第15回 | 町の部 | 12位 | 2時間40分49秒 |

Nishiizu Town

# 長泉町 33

町の部 2位 2時間18分30秒

【監　督】斗澤　秀春（会社員）
【コーチ】寺内　　茂（整体師）

| 区 | 氏名 | 所属 | 記録 |
|---|---|---|---|
| 1 | 山田　　葵 | 加藤学園高3 | 12・04③ |
| 2 | 大沼　晴瑠 | 長泉南小6 | 6・18③ |
| 3 | 東　夢芽明 | 長泉小6 | 5・49❶ |
| 4 | 関口　楓花 | 長泉中2 | 11・55③ |
| 5 | 今村　勇輝 | 加藤学園高1 | 23・18⑧ |
| 6 | 中込　賢蔵 | 陸上自衛隊板妻駐屯地 | 12・14② |
| 7 | 小名　祐志 | 長泉中2 | 11・10② |
| 8 | 山口　紗英 | 長泉中2 | 10・56② |
| 9 | 大沼　慶汰 | 長泉南小5 | 5・42② |
| 10 | 古瀬　凪沙 | 御殿場西高講師 | 10・58⑤ |
| 11 | 川村　駿斗 | 長泉中3 | 13・08④ |
| 12 | 小林　翔大 | 陸上自衛隊滝ヶ原駐屯地 | 14・58⑤ |
|  | 富田　隼斗 | 長泉小5 |  |
|  | 渡邉　　橙 | 長泉南小6 |  |
|  | 伊藤　寛晟 | 長泉中2 |  |
|  | 勝又　姫結 | 長泉北中3 |  |
|  | 今村　直輝 | 加藤学園高1 |  |
|  | 佐藤　陽菜 | 韮山高3 |  |
|  | 栗原　佑輔 | 武蔵野学院大3 |  |
|  | 大橋佑佳里 | エームサービスジャパン |  |
|  | 中村　幸生 | フジヘン |  |

DATA

【最高成績】第13回（2012年）1位 2時間18分18秒

2019年 第20回　町の部　5位　2時間21分10秒
2017年 第18回　町の部　4位　2時間22分03秒
2017年 第18回　町の部　2位　2時間19分55秒
2016年 第17回　町の部　4位　2時間21分51秒
2015年 第16回　町の部　5位　2時間24分39秒
2014年 第15回　町の部　3位　2時間19分24秒

Nagaizumi Town

# 清水町 32

町の部 1位 2時間14分59秒 新

【監　督】朝倉　和也（清水町教委）
【コーチ】鈴木　雅信（清水南中教諭）

| 区 | 氏名 | 所属 | 記録 |
|---|---|---|---|
| 1 | 齋藤　みう | 伊豆中央高3 | 11・59② |
| 2 | 長橋　里空 | 清水西小6 | 6・19④ |
| 3 | 長谷川木香 | 清水小5 | 5・54② |
| 4 | 関　　美澪 | 白鵬女子高1 | 新11・00❶ |
| 5 | 大井　陸翔 | 日大三島高3 | 21・24③ |
| 6 | 近藤　　泉 | 西濃運輸 | 12・51⑤ |
| 7 | 関　　律哉 | 清水中2 | 11・11③ |
| 8 | 世古　凪沙 | 清水中2 | 10・55❶ |
| 9 | 塩崎　　丈 | 清水南小6 | 5・42② |
| 10 | 森野　夏歩 | ユニクロ | 9・36❶ |
| 11 | 真野　幹大 | 加藤学園高2 | 13・41⑦ |
| 12 | 船越　　陸 | 日大3 | 14・27❶ |
|  | 杉山　拓海 | 清水小5 |  |
|  | 近藤　凛奈 | 清水小6 |  |
|  | 宇髙　泰史 | 清水中2 |  |
|  | 西郷　武史 | 清水中3 |  |
|  | 遠藤　真凰 | 清水中3 |  |
|  | 眞田ひかる | 日大三島高2 |  |
|  | 森野　純夏 | 高知大3 |  |
|  | 柏木　孝啓 | 東京電力ホールディングス |  |
|  | 大森　郁夫 | おおしろ整形外科クリニック |  |

DATA

【最高成績】第20回（2018年）1位 2時間17分13秒

2019年 第20回　町の部　1位　2時間17分13秒
2018年 第19回　町の部　2位　2時間21分36秒
2017年 第18回　町の部　3位　2時間20分43秒
2016年 第17回　町の部　3位　2時間20分40秒
2015年 第16回　町の部　3位　2時間20分32秒
2014年 第15回　町の部　4位　2時間22分40秒

Shimizu Town

# 吉田町 35

**町の部　4位　2時間20分16秒**

【監　督】中島　克訓（吉田中教諭）
【コーチ】堀　　薫（榛原高教諭）

| 区 | 氏名 | 所属 | 記録 |
|---|---|---|---|
| 1 | 市川　梨愛 | 常葉大菊川高1 | 12・41⑤ |
| 2 | 原田　空也 | 中央小6 | 6・26⑤ |
| 3 | 近藤　芽衣 | 自彊小6 | 6・09⑦ |
| 4 | 藤田　萌香 | 東海大静岡翔洋高1 | 13・29⑤ |
| 5 | 杉浦　柊人 | 藤枝明誠高1 | 新 20・44❶ |
| 6 | 大山　宗則 | SMILEY ANGEL | 13・13⑧ |
| 7 | 岸端　悠友 | 吉田中2 | 11・26⑤ |
| 8 | 磯崎　心音 | 吉田中2 | 11・05③ |
| 9 | 原田　利空 | 中央小6 | 5・58⑦ |
| 10 | 田中　毬愛 | 大阪学院大1 | 10・04② |
| 11 | 村松　亜蘭 | 藤枝明誠高3 | 12・59❶ |
| 12 | 市川　大輝 | 山梨学院大1 | 16・02⑩ |
|  | 岸端　玄稀 | 住吉小6 |  |
|  | 斉藤　那奈 | 住吉小6 |  |
|  | 村上　翔星 | 吉田中3 |  |
|  | 花枝　咲和 | 吉田中2 |  |
|  | 水野　健太 | 藤枝明誠高1 |  |
|  | 長原　萌加 | 榛原高1 |  |
|  | 大石　彪斗 | 志太消防本部 |  |
|  | 山内　菜摘 | シンコースポーツ |  |
|  | 前田　浩志 | スニック |  |

**DATA**

【最高成績】第20回（2019年）2位 2時間17分26秒

|  |  |  |  |  |
|---|---|---|---|---|
| 2019年 | 第20回 | 町の部 | 2位 | 2時間17分26秒 |
| 2018年 | 第19回 | 町の部 | 3位 | 2時間21分54秒 |
| 2017年 | 第18回 | 町の部 | 5位 | 2時間26分34秒 |
| 2016年 | 第17回 | 町の部 | 5位 | 2時間25分35秒 |
| 2015年 | 第16回 | 町の部 | 8位 | 2時間28分51秒 |
| 2014年 | 第15回 | 町の部 | 5位 | 2時間24分07秒 |

Yoshida Town

# 小山町 34

**町の部　5位　2時間24分14秒**

【監　督】室伏　　剛
【コーチ】滝口　洋介（トヨタ自動車東日本）

| 区 | 氏名 | 所属 | 記録 |
|---|---|---|---|
| 1 | 妹尾　晴華 | 東海大静岡翔洋高2 | 12・16④ |
| 2 | 岩田　拓也 | 北郷小6 | 6・35⑦ |
| 3 | 荒井　美優 | 須走小6 | 5・56③ |
| 4 | 千葉　妃華 | 東海大静岡翔洋高1 | 11・47② |
| 5 | 岩田　大和 | 沼津東高1 | 23・57⑪ |
| 6 | 綱村　尚昭 | 陸上自衛隊富士学校 | 12・41③ |
| 7 | 千葉　仁人 | 須走中2 | 10・58❶ |
| 8 | モア　綺蘭 | 須走中2 | 12・06⑥ |
| 9 | 髙村　獅穏 | 北郷小6 | 5・45⑤ |
| 10 | 柏木　萌那 | 陸上自衛隊富士学校 | 13・10⑫ |
| 11 | 岩本　侑己 | 御殿場西高2 | 14・19⑨ |
| 12 | 髙山　将司 | 陸上自衛隊富士学校 | 14・44③ |
|  | 杉山　未来 | 成美小6 |  |
|  | 杉山　颯人 | 小山中1 |  |
|  | 内藤　諒 | 須走中3 |  |
|  | 髙橋　愛 | 小山中2 |  |
|  | 宗像　愛実 | 加藤学園高3 |  |
|  | 薄田　俊樹 | 陸上自衛隊富士学校 |  |
|  | 鈴木　佑希 | 陸上自衛隊富士学校 |  |
|  | 阿部　達哉 | 陸上自衛隊富士学校 |  |

**DATA**

【最高成績】第14回（2013年）1位 2時間16分48秒

|  |  |  |  |  |
|---|---|---|---|---|
| 2019年 | 第20回 | 町の部 | 4位 | 2時間19分06秒 |
| 2018年 | 第19回 | 町の部 | 5位 | 2時間22分27秒 |
| 2017年 | 第18回 | 町の部 | 4位 | 2時間21分32秒 |
| 2016年 | 第17回 | 町の部 | 1位 | 2時間18分46秒 |
| 2015年 | 第16回 | 町の部 | 2位 | 2時間20分00秒 |
| 2014年 | 第15回 | 町の部 | 1位 | 2時間16分57秒 |

Oyama Town

# 森　町 37

町の部　6位　2時間25分38秒

【監　督】天野　元文（Honda浜松）
【コーチ】齋藤　公佑（森町役場）

| 区 | 氏名 | 所属 | 記録 |
|---|---|---|---|
| 1 | 大場　来夢 | （常葉大菊川高2） | 13・22⑧ |
| 2 | 野口　登暉 | （森小6） | 6・59⑪ |
| 3 | 田村　蓮姫 | （森小4） | 6・24⑩ |
| 4 | 村松　由菜 | （磐田南高1） | 13・54⑧ |
| 5 | 鈴木　一平 | （浜松日体高1） | 21・37④ |
| 6 | 天野　元文 | （Honda浜松） | 12・46④ |
| 7 | 村松咲太郎 | （旭が丘中3） | 12・17⑦ |
| 8 | 今村　合花 | （旭が丘中1） | 11・49⑤ |
| 9 | 大場　美空 | （宮園小6） | 6・31⑩ |
| 10 | 徳千代知世 | （摩耶保育園） | 12・21⑧ |
| 11 | 伊藤　海心 | （浜松商高2） | 13・02② |
| 12 | 小縣　佑哉 | （立正大学） | 14・36② |
| | 鈴木　大雅 | （飯田小6） | |
| | 片岡　叶葉 | （飯田小5） | |
| | 栗田　暖大 | （旭が丘中3） | |
| | 小林　　杏 | （森中3） | |
| | 細井　萌那 | （旭が丘中1） | |
| | 鈴木　歌遥 | （旭が丘中1） | |
| | 乗松　勇哉 | （天竜高3） | |
| | 三郷　一輝 | （アクティオ） | |
| | 大場　紀明 | （三木の里接骨院） | |

DATA

【最高成績】第4回（2003年）1位 2時間22分07秒

| | | | | |
|---|---|---|---|---|
| 2019年 | 第20回 | 町の部 | 6位 | 2時間26分45秒 |
| 2018年 | 第19回 | 町の部 | 7位 | 2時間28分33秒 |
| 2017年 | 第18回 | 町の部 | 9位 | 2時間31分40秒 |
| 2016年 | 第17回 | 町の部 | 6位 | 2時間27分18秒 |
| 2015年 | 第16回 | 町の部 | 4位 | 2時間22分30秒 |
| 2014年 | 第15回 | 町の部 | 6位 | 2時間27分26秒 |

Morimachi Town

Town

# 川根本町 36

町の部　10位　2時間31分17秒

【監　督】山本　銀男
【コーチ】中野　吉洋（川根本町役場）

| 区 | 氏名 | 所属 | 記録 |
|---|---|---|---|
| 1 | 澤本こころ | （中川根中2） | 13・24⑨ |
| 2 | 澤本　健太 | （中川根南部小6） | 6・54⑨ |
| 3 | 坂口　月美 | （中央小6） | 6・40⑪ |
| 4 | 村松　明美 | （本川根中1） | 13・51⑦ |
| 5 | 向島　　央 | （御殿場西高2） | 23・25⑨ |
| 6 | 山本　忠広 | （グリーンホーム） | 14・22⑫ |
| 7 | 鳥澤　圭佑 | （本川根中3） | 12・08⑥ |
| 8 | 森脇詩央梨 | （中川根中2） | 12・54⑨ |
| 9 | 北村　哲也 | （中川根第一小5） | 6・38⑫ |
| 10 | 石川　愛理 | （吉田中央小教諭） | 12・47⑪ |
| 11 | 和田　　陽 | （島田高1） | 13・25⑥ |
| 12 | 山本　崇博 | （川根高教諭） | 14・49④ |
| | 澤本ひより | （中央小6） | |
| | 小林　翔流 | （本川根中1） | |
| | 鳥澤　光佑 | （本川根中3） | |
| | 北村よつ葉 | （中川根中1） | |
| | 前田　　心 | （中川根中1） | |
| | 新　　湧利 | （川根高3） | |
| | 鈴木　龍弥 | （SUBARU） | |
| | 澤本　浩光 | （水処理システム） | |

DATA

【最高成績】第18回（2017年）7位 2時間30分51秒

| | | | | |
|---|---|---|---|---|
| 2019年 | 第20回 | 町の部 | 8位 | 2時間29分54秒 |
| 2018年 | 第19回 | 町の部 | 9位 | 2時間32分17秒 |
| 2017年 | 第18回 | 町の部 | 7位 | 2時間30分51秒 |
| 2016年 | 第17回 | 町の部 | 12位 | 2時間35分18秒 |
| 2015年 | 第16回 | 町の部 | 12位 | 2時間34分59秒 |
| 2014年 | 第15回 | 町の部 | 10位 | 2時間34分14秒 |

Kawanehoncho Town

## 第5回 2004年

### ●市の部

| 順位 | チーム | 総合記録 |
|---|---|---|
| 1 | 浜松市 | 新 2·14·48 |
| 2 | 御殿場市 | 2·17·23 |
| 3 | 富士市 | 2·18·47 |
| 4 | 島田市 | 2·18·58 |
| 5 | 浜北市 | 2·19·56 |
| 6 | 三島市 | 2·19·57 |
| 7 | 藤枝市 | 2·20·12 |
| 8 | 裾野市 | 2·20·13 |
| 9 | 静岡市清水 | 2·20·23 |
| 10 | 沼津市 | 2·20·29 |
| 11 | 静岡市静岡 | 2·22·08 |
| 12 | 焼津市 | 2·22·42 |
| 13 | 富士宮市 | 2·23·30 |
| 14 | 磐田市 | 2·23·34 |
| 15 | 袋井市 | 2·23·55 |
| 16 | 掛川市 | 2·24·08 |
| 17 | 天竜市 | 2·24·50 |
| 18 | 湖西市 | 2·25·07 |
| 19 | 伊東市 | 2·27·58 |
| 20 | 伊豆市 | 2·28·09 |
| 21 | 下田市 | 2·28·29 |
| 22 | 御前崎市 | 2·34·22 |
| 23 | 熱海市 | 2·36·28 |

### ●町村の部

| 順位 | チーム | 総合記録 |
|---|---|---|
| 1 | 函南町 | 新 2·19·47 |
| 2 | 細江町 | 新 2·20·42 |
| 3 | 新居町 | 2·22·15 |
| 4 | 長泉町 | 2·22·22 |
| 5 | 豊岡村 | 2·25·04 |
| 6 | 小山町 | 2·25·13 |
| 7 | 竜洋町 | 2·26·13 |
| 8 | 森町 | 2·26·30 |
| 9 | 清水町 | 2·26·56 |
| 10 | 豊田町 | 2·26·58 |
| 11 | 富士川町 | 2·27·20 |
| 12 | 南伊豆町 | 2·28·12 |
| 13 | 菊川町 | 2·28·32 |
| 14 | 雄踏町 | 2·28·37 |
| 15 | 伊豆長岡町 | 2·28·41 |
| 16 | 福田町 | 2·29·04 |
| 17 | 吉田町 | 2·29·41 |
| 18 | 浅羽町 | 2·29·55 |
| 19 | 大仁町 | 2·30·03 |
| 20 | 相良町 | 2·30·18 |
| 21 | 芝川町 | 2·30·24 |
| 22 | 金谷町 | 2·30·26 |
| 23 | 東伊豆町 | 2·30·38 |
| 24 | 韮山町 | 2·30·48 |
| 25 | 大井川町 | 2·31·16 |
| 26 | 春野町 | 2·32·13 |
| 27 | 河津町 | 2·32·52 |
| 28 | 由比町 | 2·33·10 |
| 29 | 大東町 | 2·33·38 |
| 30 | 西伊豆町 | 2·33·46 |
| 31 | 榛原町 | 2·34·15 |
| 31 | 岡部町 | 2·34·15 |
| 33 | 中川根町 | 2·34·37 |
| 34 | 小笠町 | 2·35·32 |
| 35 | 舞阪町 | 2·35·57 |
| 36 | 三ケ日町 | 2·36·41 |
| 37 | 引佐町 | 2·36·54 |
| 38 | 松崎町 | 2·36·55 |
| 39 | 佐久間町 | 2·37·13 |
| 40 | 戸田村 | 2·37·19 |
| 41 | 本川根町 | 2·38·30 |
| 42 | 蒲原町 | 2·39·48 |
| 43 | 水窪町 | 2·41·01 |
| 44 | 川根町 | 2·41·29 |
| 45 | 大須賀町 | 2·43·14 |
| 46 | 賀茂村 | 2·45·39 |
| 47 | 龍山村 | 2·49·01 |

## 第4回 2003年

### ●市の部

| 順位 | チーム | 総合記録 |
|---|---|---|
| 1 | 浜松市 | タイ 2·15·34 |
| 2 | 御殿場市 | 2·15·55 |
| 3 | 静岡市静岡 | 2·17·08 |
| 4 | 静岡市清水 | 2·18·25 |
| 5 | 富士市 | 2·19·03 |
| 6 | 島田市 | 2·20·57 |
| 7 | 浜北市 | 2·21·31 |
| 8 | 藤枝市 | 2·21·42 |
| 9 | 袋井市 | 2·22·09 |
| 10 | 掛川市 | 2·22·13 |
| 11 | 磐田市 | 2·22·24 |
| 12 | 裾野市 | 2·22·25 |
| 13 | 三島市 | 2·22·27 |
| 14 | 沼津市 | 2·22·46 |
| 15 | 焼津市 | 2·24·19 |
| 16 | 湖西市 | 2·27·35 |
| 17 | 天竜市 | 2·28·53 |
| 18 | 伊東市 | 2·29·17 |
| 19 | 下田市 | 2·29·21 |
| 20 | 富士宮市 | 2·29·25 |
| 21 | 熱海市 | 2·33·49 |

### ●町村の部

| 順位 | チーム | 総合記録 |
|---|---|---|
| 1 | 森町 | 新 2·22·07 |
| 2 | 函南町 | 2·22·52 |
| 3 | 清水町 | 2·23·34 |
| 4 | 長泉町 | 2·24·40 |
| 5 | 細江町 | 2·25·27 |
| 6 | 浅羽町 | 2·25·28 |
| 7 | 新居町 | 2·25·40 |
| 8 | 御前崎町 | 2·25·49 |
| 9 | 福田町 | 2·27·04 |
| 10 | 小山町 | 2·27·52 |
| 11 | 菊川町 | 2·28·04 |
| 12 | 春野町 | 2·28·10 |
| 13 | 韮山町 | 2·28·19 |
| 14 | 豊田町 | 2·28·26 |
| 15 | 修善寺町 | 2·28·45 |
| 16 | 金谷町 | 2·29·26 |
| 17 | 伊豆長岡町 | 2·29·34 |
| 18 | 小笠町 | 2·30·09 |
| 19 | 竜洋町 | 2·30·10 |
| 20 | 南伊豆町 | 2·30·26 |
| 21 | 富士川町 | 2·30·31 |
| 22 | 舞阪町 | 2·30·34 |
| 23 | 雄踏町 | 2·30·41 |
| 24 | 豊岡村 | 2·30·50 |
| 25 | 吉田町 | 2·30·52 |
| 26 | 東伊豆町 | 2·31·22 |
| 27 | 浜岡町 | 2·31·34 |
| 28 | 芝川町 | 2·32·16 |
| 29 | 大井川町 | 2·32·24 |
| 30 | 榛原町 | 2·33·03 |
| 31 | 相良町 | 2·33·15 |
| 32 | 水窪町 | 2·33·40 |
| 33 | 中伊豆町 | 2·33·43 |
| 34 | 河津町 | 2·34·17 |
| 35 | 引佐町 | 2·34·18 |
| 36 | 川根町 | 2·34·20 |
| 37 | 中川根町 | 2·34·27 |
| 38 | 土肥町 | 2·34·35 |
| 39 | 由比町 | 2·34·38 |
| 40 | 戸田村 | 2·35·11 |
| 41 | 岡部町 | 2·35·26 |
| 42 | 佐久間町 | 2·36·25 |
| 43 | 龍山村 | 2·36·26 |
| 44 | 西伊豆町 | 2·36·36 |
| 45 | 天城湯ケ島町 | 2·36·44 |
| 46 | 大仁町 | 2·37·19 |
| 47 | 松崎町 | 2·37·45 |
| 48 | 本川根町 | 2·38·46 |
| 49 | 三ケ日町 | 2·38·47 |
| 50 | 蒲原町 | 2·40·25 |
| 51 | 賀茂村 | 2·40·38 |
| 52 | 大東町 | 2·41·32 |
| 53 | 大須賀町 | 2·41·33 |

## 第3回 2002年

### ●市の部

| 順位 | チーム | 総合記録 |
|---|---|---|
| 1 | 御殿場市 | 2·16·10 |
| 2 | 浜松市 | 2·17·47 |
| 3 | 静岡市 | 2·17·50 |
| 4 | 富士市 | 2·17·59 |
| 5 | 清水市 | 2·21·55 |
| 6 | 沼津市 | 2·22·00 |
| 7 | 浜北市 | 2·22·50 |
| 8 | 袋井市 | 2·23·23 |
| 9 | 島田市 | 2·23·30 |
| 10 | 掛川市 | 2·24·57 |
| 11 | 三島市 | 2·25·07 |
| 12 | 焼津市 | 2·25·18 |
| 13 | 裾野市 | 2·26·21 |
| 14 | 磐田市 | 2·26·28 |
| 15 | 藤枝市 | 2·26·47 |
| 16 | 富士宮市 | 2·28·09 |
| 17 | 天竜市 | 2·29·17 |
| 18 | 下田市 | 2·29·24 |
| 19 | 伊東市 | 2·29·44 |
| 20 | 湖西市 | 2·30·34 |
| 21 | 熱海市 | 2·33·23 |

### ●町村の部

| 順位 | チーム | 総合記録 |
|---|---|---|
| 1 | 長泉町 | 新 2·22·27 |
| 2 | 函南町 | 2·25·35 |
| 3 | 浅羽町 | 2·26·23 |
| 4 | 細江町 | 2·26·31 |
| 5 | 清水町 | 2·26·55 |
| 6 | 福田町 | 2·27·43 |
| 7 | 森町 | 2·27·56 |
| 8 | 川根町 | 2·28·33 |
| 9 | 新居町 | 2·29·05 |
| 10 | 金谷町 | 2·29·14 |
| 11 | 富士川町 | 2·29·30 |
| 12 | 豊田町 | 2·29·36 |
| 13 | 御前崎町 | 2·29·43 |
| 14 | 大仁町 | 2·30·04 |
| 15 | 豊岡村 | 2·30·15 |
| 16 | 修善寺町 | 2·30·31 |
| 17 | 南伊豆町 | 2·30·55 |
| 18 | 春野町 | 2·31·04 |
| 19 | 菊川町 | 2·31·26 |
| 20 | 韮山町 | 2·31·28 |
| 21 | 小山町 | 2·31·32 |
| 22 | 舞阪町 | 2·32·45 |
| 23 | 大東町 | 2·33·26 |
| 24 | 小笠町 | 2·33·29 |
| 25 | 龍山村 | 2·33·41 |
| 26 | 引佐町 | 2·33·47 |
| 27 | 竜洋町 | 2·34·06 |
| 28 | 相良町 | 2·34·07 |
| 29 | 東伊豆町 | 2·34·36 |
| 30 | 水窪町 | 2·34·39 |
| 31 | 浜岡町 | 2·35·10 |
| 32 | 岡部町 | 2·35·34 |
| 33 | 伊豆長岡町 | 2·35·37 |
| 34 | 土肥町 | 2·35·40 |
| 35 | 大井川町 | 2·35·49 |
| 36 | 吉田町 | 2·36·03 |
| 37 | 天城湯ケ島町 | 2·36·19 |
| 38 | 雄踏町 | 2·36·22 |
| 39 | 三ケ日町 | 2·36·25 |
| 40 | 中川根町 | 2·36·53 |
| 41 | 芝川町 | 2·38·02 |
| 42 | 戸田村 | 2·38·20 |
| 43 | 榛原町 | 2·38·25 |
| 44 | 由比町 | 2·38·56 |
| 45 | 中伊豆町 | 2·38·59 |
| 46 | 西伊豆町 | 2·39·18 |
| 47 | 蒲原町 | 2·39·55 |
| 48 | 本川根町 | 2·40·50 |
| 49 | 松崎町 | 2·42·07 |
| 49 | 河津町 | 2·42·07 |
| 51 | 大須賀町 | 2·43·22 |
| 52 | 佐久間町 | 2·43·37 |
| 53 | 賀茂村 | 2·47·04 |

## 第2回 2001年

### ●市の部

| 順位 | チーム | 総合記録 |
|---|---|---|
| 1 | 静岡市 | 新 2·15·34 |
| 2 | 御殿場市 | 新 2·15·35 |
| 3 | 浜松市 | 2·17·32 |
| 4 | 富士市 | 2·19·16 |
| 5 | 清水市 | 2·21·53 |
| 6 | 浜北市 | 2·22·40 |
| 7 | 磐田市 | 2·23·47 |
| 8 | 沼津市 | 2·24·32 |
| 9 | 裾野市 | 2·24·41 |
| 10 | 焼津市 | 2·25·02 |
| 11 | 掛川市 | 2·25·04 |
| 12 | 藤枝市 | 2·25·27 |
| 13 | 富士宮市 | 2·25·28 |
| 14 | 三島市 | 2·25·49 |
| 15 | 島田市 | 2·26·12 |
| 16 | 伊東市 | 2·28·41 |
| 17 | 天竜市 | 2·28·47 |
| 18 | 袋井市 | 2·31·56 |
| 19 | 下田市 | 2·32·05 |
| 20 | 湖西市 | 2·35·30 |
| 21 | 熱海市 | 2·36·45 |

### ●町村の部

| 順位 | チーム | 総合記録 |
|---|---|---|
| 1 | 長泉町 | 新 2·22·32 |
| 2 | 函南町 | 新 2·22·47 |
| 3 | 清水町 | 新 2·23·28 |
| 4 | 新居町 | 2·24·58 |
| 5 | 細江町 | 2·25·10 |
| 6 | 浅羽町 | 2·26·04 |
| 7 | 小山町 | 2·27·24 |
| 8 | 福田町 | 2·27·25 |
| 9 | 御前崎町 | 2·27·38 |
| 10 | 大東町 | 2·28·49 |
| 11 | 森町 | 2·29·32 |
| 12 | 南伊豆町 | 2·29·35 |
| 13 | 豊田町 | 2·29·50 |
| 14 | 岡部町 | 2·29·52 |
| 15 | 金谷町 | 2·30·19 |
| 16 | 豊岡村 | 2·30·20 |
| 17 | 菊川町 | 2·31·16 |
| 18 | 大須賀町 | 2·31·30 |
| 19 | 大仁町 | 2·31·41 |
| 20 | 浜岡町 | 2·32·04 |
| 21 | 竜洋町 | 2·32·23 |
| 22 | 大井川町 | 2·32·28 |
| 23 | 小笠町 | 2·32·40 |
| 24 | 東伊豆町 | 2·32·45 |
| 25 | 春野町 | 2·33·19 |
| 26 | 引佐町 | 2·33·20 |
| 27 | 舞阪町 | 2·33·21 |
| 28 | 川根町 | 2·34·00 |
| 29 | 水窪町 | 2·34·35 |
| 30 | 榛原町 | 2·35·02 |
| 31 | 修善寺町 | 2·35·45 |
| 32 | 韮山町 | 2·35·51 |
| 33 | 天城湯ケ島町 | 2·36·07 |
| 34 | 富士川町 | 2·36·25 |
| 35 | 蒲原町 | 2·36·29 |
| 36 | 中川根町 | 2·36·30 |
| 37 | 由比町 | 2·36·36 |
| 38 | 相良町 | 2·36·45 |
| 39 | 河津町 | 2·37·02 |
| 40 | 佐久間町 | 2·37·05 |
| 41 | 土肥町 | 2·37·17 |
| 42 | 西伊豆町 | 2·37·55 |
| 43 | 雄踏町 | 2·38·07 |
| 44 | 伊豆長岡町 | 2·39·46 |
| 45 | 芝川町 | 2·39·58 |
| 46 | 吉田町 | 2·39·58 |
| 47 | 龍山村 | 2·40·01 |
| 48 | 三ケ日町 | 2·40·19 |
| 49 | 中伊豆町 | 2·42·00 |
| 50 | 松崎町 | 2·44·31 |
| 51 | 賀茂村 | 2·45·20 |
| 52 | 本川根町 | 2·45·43 |
| 53 | 戸田村 | 2·53·18 |

## 第1回 2000年

### ●市の部

| 順位 | チーム | 総合記録 |
|---|---|---|
| 1 | 富士市 | 2·16·12 |
| 2 | 御殿場市 | 2·16·29 |
| 3 | 浜松市 | 2·17·39 |
| 4 | 静岡市 | 2·18·52 |
| 5 | 浜北市 | 2·21·35 |
| 6 | 掛川市 | 2·24·58 |
| 7 | 清水市 | 2·25·31 |
| 8 | 三島市 | 2·26·05 |
| 9 | 磐田市 | 2·26·31 |
| 10 | 裾野市 | 2·26·40 |
| 11 | 島田市 | 2·27·15 |
| 12 | 藤枝市 | 2·27·29 |
| 13 | 伊東市 | 2·27·45 |
| 14 | 富士宮市 | 2·30·52 |
| 15 | 沼津市 | 2·31·10 |
| 16 | 袋井市 | 2·32·50 |
| 17 | 湖西市 | 2·32·58 |
| 18 | 下田市 | 2·33·13 |
| 19 | 焼津市 | 2·34·31 |
| 20 | 天竜市 | 2·35·47 |
| 21 | 熱海市 | 2·42·14 |

### ●町村の部

| 順位 | チーム | 総合記録 |
|---|---|---|
| 1 | 浅羽町 | 2·23·54 |
| 2 | 長泉町 | 2·25·49 |
| 3 | 細江町 | 2·25·53 |
| 4 | 函南町 | 2·28·37 |
| 5 | 小山町 | 2·28·42 |
| 6 | 豊岡村 | 2·29·51 |
| 7 | 吉田町 | 2·30·24 |
| 8 | 清水町 | 2·30·31 |
| 9 | 大東町 | 2·30·50 |
| 10 | 小笠町 | 2·31·04 |
| 11 | 金谷町 | 2·31·06 |
| 12 | 川根町 | 2·31·33 |
| 13 | 竜洋町 | 2·31·34 |
| 14 | 南伊豆町 | 2·32·11 |
| 15 | 森町 | 2·32·14 |
| 16 | 修善寺町 | 2·32·49 |
| 17 | 大井川町 | 2·32·55 |
| 18 | 浜岡町 | 2·33·16 |
| 19 | 東伊豆町 | 2·33·28 |
| 20 | 岡部町 | 2·33·35 |
| 21 | 福田町 | 2·33·47 |
| 22 | 菊川町 | 2·34·02 |
| 23 | 御前崎町 | 2·34·07 |
| 24 | 引佐町 | 2·34·10 |
| 25 | 豊田町 | 2·34·31 |
| 26 | 蒲原町 | 2·35·28 |
| 27 | 春野町 | 2·35·42 |
| 28 | 大仁町 | 2·36·39 |
| 29 | 韮山町 | 2·36·52 |
| 30 | 中伊豆町 | 2·37·55 |
| 31 | 富士川町 | 2·38·09 |
| 32 | 天城湯ケ島町 | 2·38·27 |
| 33 | 佐久間町 | 2·38·44 |
| 34 | 龍山村 | 2·38·45 |
| 35 | 榛原町 | 2·38·51 |
| 36 | 伊豆長岡町 | 2·38·57 |
| 37 | 大須賀町 | 2·39·03 |
| 38 | 河津町 | 2·39·04 |
| 39 | 新居町 | 2·39·12 |
| 40 | 舞阪町 | 2·39·53 |
| 41 | 中川根町 | 2·40·29 |
| 42 | 土肥町 | 2·40·44 |
| 43 | 相良町 | 2·40·54 |
| 44 | 由比町 | 2·41·02 |
| 45 | 雄踏町 | 2·42·26 |
| 46 | 水窪町 | 2·42·36 |
| 47 | 三ケ日町 | 2·42·56 |
| 48 | 本川根町 | 2·45·16 |
| 49 | 松崎町 | 2·45·53 |
| 50 | 賀茂村 | 2·45·56 |
| 51 | 西伊豆町 | 2·47·28 |
| 52 | 芝川町 | 2·49·02 |
| 53 | 戸田村 | 2·49·44 |

●町の部

| 順位 | チーム | 総合記録 |
|---|---|---|
| 1 | 長泉町 | 新 2·19·06 |
| 2 | 函南町 | 2·19·51 |
| 3 | 新居町 | 2·21·57 |
| 4 | 清水町 | 2·25·29 |
| 5 | 吉田町 | 2·26·08 |
| 6 | 森　町 | 2·27·10 |
| 7 | 小山町 | 2·28·32 |
| 8 | 河津町 | 2·31·11 |
| 9 | 川根本町 | 2·33·10 |
| 10 | 南伊豆町 | 2·34·11 |
| 11 | 松崎町 | 2·34·18 |
| 12 | 東伊豆町 | 2·35·09 |
| 13 | 芝川町 | 2·36·28 |
| 14 | 西伊豆町 | 2·39·55 |

## 第11回　2010年

●市の部

| 順位 | チーム | 総合記録 |
|---|---|---|
| 1 | 浜松市西部 | 2·14·44 |
| 2 | 浜松市中央 | 2·16·09 |
| 3 | 御殿場市 | 2·16·17 |
| 4 | 浜松市北部 | 2·17·29 |
| 5 | 富士市 | 2·17·58 |
| 6 | 静岡市清水 | 2·18·19 |
| 7 | 磐田市 | 2·19·04 |
| 8 | 静岡市静岡A | 2·19·37 |
| 9 | 藤枝市 | 2·19·55 |
| 10 | 島田市 | 2·20·47 |
| 11 | 三島市 | 2·20·51 |
| 12 | 裾野市 | 2·22·43 |
| 13 | 菊川市 | 2·23·25 |
| 14 | 富士宮市 | 2·23·48 |
| 15 | 沼津市 | 2·23·54 |
| 16 | 袋井市 | 2·25·04 |
| 17 | 静岡市静岡B | 2·25·06 |
| 18 | 焼津市 | 2·25·23 |
| 19 | 牧之原市 | 2·25·55 |
| 20 | 伊豆の国市 | 2·26·16 |
| 21 | 掛川市 | 2·29·18 |
| 22 | 伊豆市 | 2·29·30 |
| 23 | 伊東市 | 2·29·41 |
| 24 | 御前崎市 | 2·29·43 |
| 25 | 湖西市 | 2·29·50 |
| 26 | 下田市 | 2·30·29 |
| 27 | 熱海市 | 2·33·01 |

●町の部

| 順位 | チーム | 総合記録 |
|---|---|---|
| 1 | 長泉町 | 2·20·37 |
| 2 | 湖西市新居 | 2·20·45 |
| 3 | 森　町 | 2·23·37 |
| 4 | 清水町 | 2·23·39 |
| 5 | 函南町 | 2·23·54 |
| 6 | 吉田町 | 2·24·05 |
| 7 | 松崎町 | 2·26·29 |
| 8 | 小山町 | 2·29·01 |
| 9 | 東伊豆町 | 2·33·21 |

●町の部

| 順位 | チーム | 総合記録 |
|---|---|---|
| 1 | 長泉町 | 2·21·21 |
| 2 | 新居町 | 2·22·56 |
| 3 | 函南町 | 2·25·54 |
| 4 | 森　町 | 2·27·41 |
| 5 | 小山町 | 2·27·54 |
| 6 | 清水町 | 2·29·18 |
| 7 | 吉田町 | 2·31·35 |
| 8 | 南伊豆町 | 2·32·07 |
| 9 | 河津町 | 2·32·14 |
| 10 | 岡部町 | 2·32·41 |
| 11 | 東伊豆町 | 2·32·50 |
| 12 | 静岡市由比 | 2·33·50 |
| 13 | 松崎町 | 2·34·41 |
| 14 | 西伊豆町 | 2·35·00 |
| 15 | 芝川町 | 2·35·27 |
| 16 | 川根本町 | 2·36·37 |
| 17 | 富士市富士川 | 2·37·35 |
| 18 | 焼津市大井川 | 2·42·09 |

## 第10回　2009年

●市の部

| 順位 | チーム | 総合記録 |
|---|---|---|
| 1 | 静岡市静岡A | 2·16·17 |
| 2 | 浜松市西部 | 2·17·04 |
| 3 | 御殿場市 | 2·17·55 |
| 4 | 浜松市北部 | 2·18·12 |
| 5 | 藤枝市 | 2·18·24 |
| 6 | 浜松市中央 | 2·18·25 |
| 7 | 富士市 | 2·19·20 |
| 8 | 磐田市 | 2·20·28 |
| 9 | 富士宮市 | 2·20·37 |
| 10 | 沼津市 | 2·21·34 |
| 11 | 島田市 | 2·21·51 |
| 12 | 静岡市清水 | 2·22·18 |
| 13 | 裾野市 | 2·23·12 |
| 14 | 菊川市 | 2·23·12 |
| 15 | 焼津市 | 2·24·07 |
| 16 | 三島市 | 2·24·56 |
| 17 | 御前崎市 | 2·25·26 |
| 18 | 伊豆の国市 | 2·25·31 |
| 19 | 袋井市 | 2·25·35 |
| 20 | 湖西市 | 2·27·11 |
| 21 | 牧之原市 | 2·27·57 |
| 22 | 熱海市 | 2·28·13 |
| 23 | 静岡市静岡B | 2·28·21 |
| 24 | 伊東市 | 2·28·22 |
| 25 | 掛川市 | 2·29·16 |
| 26 | 伊豆市 | 2·33·17 |
| 27 | 下田市 | 2·34·02 |

| 順位 | チーム | 総合記録 |
|---|---|---|
| 4 | 浜松市西部 | 2·17·05 |
| 5 | 御殿場市 | 2·17·58 |
| 6 | 富士市 | 2·18·02 |
| 7 | 藤枝市 | 2·19·58 |
| 8 | 静岡市静岡B | 2·20·00 |
| 9 | 磐田市 | 2·20·18 |
| 10 | 富士宮市 | 2·20·23 |
| 11 | 裾野市 | 2·20·39 |
| 12 | 静岡市清水 | 2·21·34 |
| 13 | 島田市 | 2·22·22 |
| 14 | 伊豆の国市 | 2·23·26 |
| 15 | 沼津市 | 2·23·34 |
| 16 | 菊川市 | 2·24·25 |
| 17 | 三島市 | 2·24·35 |
| 18 | 袋井市 | 2·24·38 |
| 19 | 湖西市 | 2·25·07 |
| 20 | 焼津市 | 2·26·55 |
| 21 | 伊東市 | 2·27·44 |
| 22 | 掛川市 | 2·28·05 |
| 23 | 御前崎市 | 2·28·15 |
| 24 | 伊豆市 | 2·29·42 |
| 25 | 熱海市 | 2·30·24 |
| 26 | 下田市 | 2·30·29 |
| 27 | 牧之原市 | 2·32·17 |

●町の部

| 順位 | チーム | 総合記録 |
|---|---|---|
| 1 | 新居町 | 2·19·36 |
| 2 | 函南町 | 2·19·44 |
| 3 | 長泉町 | 2·20·18 |
| 4 | 森　町 | 2·23·33 |
| 5 | 清水町 | 2·26·25 |
| 6 | 吉田町 | 2·28·21 |
| 7 | 小山町 | 2·28·27 |
| 8 | 岡部町 | 2·30·19 |
| 9 | 松崎町 | 2·31·44 |
| 10 | 富士川町 | 2·31·57 |
| 11 | 河津町 | 2·33·13 |
| 12 | 川根町 | 2·33·25 |
| 13 | 大井川町 | 2·34·19 |
| 14 | 川根本町 | 2·34·31 |
| 15 | 由比町 | 2·34·35 |
| 16 | 南伊豆町 | 2·36·15 |
| 17 | 西伊豆町 | 2·36·54 |
| 18 | 芝川町 | 2·37·08 |
| 19 | 東伊豆町 | 2·37·10 |

## 第9回　2008年

●市の部

| 順位 | チーム | 総合記録 |
|---|---|---|
| 1 | 浜松市西部 | 2·17·04 |
| 2 | 御殿場市 | 2·18·01 |
| 3 | 静岡市静岡A | 2·18·04 |
| 4 | 富士市 | 2·19·10 |
| 5 | 藤枝市 | 2·19·22 |
| 6 | 浜松市北部 | 2·20·07 |
| 7 | 浜松市中央 | 2·20·20 |
| 8 | 島田市 | 2·21·31 |
| 9 | 磐田市 | 2·21·42 |
| 10 | 富士宮市 | 2·22·32 |
| 11 | 三島市 | 2·22·40 |
| 12 | 静岡市清水 | 2·23·19 |
| 13 | 沼津市 | 2·23·22 |
| 14 | 静岡市静岡B | 2·23·29 |
| 15 | 御前崎市 | 2·23·55 |
| 16 | 菊川市 | 2·25·07 |
| 17 | 裾野市 | 2·25·20 |
| 18 | 伊豆の国市 | 2·25·28 |
| 19 | 焼津市 | 2·26·15 |
| 20 | 袋井市 | 2·26·43 |
| 21 | 掛川市 | 2·28·08 |
| 22 | 牧之原市 | 2·28·25 |
| 23 | 湖西市 | 2·28·37 |
| 24 | 伊東市 | 2·29·19 |
| 25 | 下田市 | 2·30·38 |
| 26 | 熱海市 | 2·31·42 |
| 27 | 伊豆市 | 2·34·26 |

## 第7回　2006年

●市の部

| 順位 | チーム | 総合記録 |
|---|---|---|
| 1 | 静岡市静岡 | 2·15·13 |
| 2 | 浜松市中央 | 2·17·37 |
| 3 | 浜松市北部 | 2·18·16 |
| 4 | 富士市 | 2·18·23 |
| 5 | 藤枝市 | 2·18·25 |
| 6 | 御殿場市 | 2·20·13 |
| 7 | 三島市 | 2·21·00 |
| 8 | 沼津市 | 2·21·11 |
| 9 | 島田市 | 2·21·27 |
| 10 | 浜松市西部 | 2·22·18 |
| 11 | 裾野市 | 2·23·20 |
| 12 | 富士宮市 | 2·23·26 |
| 13 | 磐田市 | 2·23·54 |
| 14 | 掛川市 | 2·24·08 |
| 15 | 伊豆の国市 | 2·24·42 |
| 16 | 静岡市清水 | 2·25·28 |
| 17 | 焼津市 | 2·25·51 |
| 18 | 袋井市 | 2·26·08 |
| 19 | 菊川市 | 2·26·35 |
| 20 | 磐田市北 | 2·27·23 |
| 21 | 湖西市 | 2·27·29 |
| 22 | 伊豆市 | 2·28·42 |
| 23 | 伊東市 | 2·29·16 |
| 24 | 牧之原市 | 2·29·30 |
| 25 | 下田市 | 2·29·57 |
| 26 | 熱海市 | 2·30·52 |
| 27 | 磐田市南 | 2·31·11 |
| 28 | 御前崎市 | 2·31·22 |

●町の部

| 順位 | チーム | 総合記録 |
|---|---|---|
| 1 | 函南町 | 2·21·07 |
| 2 | 長泉町 | 2·23·00 |
| 3 | 新居町 | 2·23·09 |
| 4 | 森　町 | 2·23·45 |
| 5 | 吉田町 | 2·29·00 |
| 6 | 小山町 | 2·29·14 |
| 7 | 清水町 | 2·29·27 |
| 8 | 富士川町 | 2·30·22 |
| 9 | 南伊豆町 | 2·30·42 |
| 10 | 由比町 | 2·33·44 |
| 11 | 河津町 | 2·34·04 |
| 12 | 西伊豆町 | 2·35·20 |
| 13 | 川根本町 | 2·35·38 |
| 14 | 大井川町 | 2·36·35 |
| 15 | 岡部町 | 2·36·52 |
| 16 | 芝川町 | 2·38·57 |
| 17 | 松崎町 | 2·39·08 |
| 18 | 東伊豆町 | 2·40·01 |
| 19 | 川根町 | 2·42·56 |

## 第8回　2007年

●市の部

| 順位 | チーム | 総合記録 |
|---|---|---|
| 1 | 浜松市中央 | 2·15·20 |
| 2 | 静岡市静岡A | 2·16·55 |
| 3 | 浜松市北部 | 2·17·02 |

## 第6回　2005年

●市の部

| 順位 | チーム | 総合記録 |
|---|---|---|
| 1 | 御殿場市 | 2·15·07 |
| 2 | 静岡市静岡 | 2·16·25 |
| 3 | 浜松市浜松 | 2·16·39 |
| 4 | 富士市 | 2·18·33 |
| 5 | 島田市 | 2·18·51 |
| 6 | 裾野市 | 2·19·59 |
| 7 | 三島市 | 2·20·32 |
| 8 | 浜松市浜北 | 2·20·57 |
| 9 | 伊豆の国市 | 2·21·26 |
| 10 | 掛川市 | 2·22·21 |
| 11 | 富士宮市 | 2·22·37 |
| 12 | 磐田市磐田 | 2·22·40 |
| 13 | 藤枝市 | 2·23·10 |
| 14 | 静岡市清水 | 2·23·37 |
| 15 | 沼津市 | 2·23·59 |
| 16 | 浜松市天竜 | 2·24·48 |
| 17 | 湖西市 | 2·24·53 |
| 18 | 焼津市 | 2·25·39 |
| 19 | 袋井市袋井 | 2·25·57 |
| 20 | 菊川市 | 2·27·16 |
| 21 | 下田市 | 2·28·01 |
| 22 | 伊豆市 | 2·30·25 |
| 23 | 御前崎市 | 2·30·27 |
| 24 | 熱海市 | 2·30·33 |
| 25 | 牧之原市 | 2·31·18 |
| 26 | 伊東市 | 2·35·07 |

●町村の部

| 順位 | チーム | 総合記録 |
|---|---|---|
| 1 | 長泉町 | 新 2·19·28 |
| 2 | 函南町 | 2·22·05 |
| 3 | 浜松市細江 | 2·23·31 |
| 4 | 浜松市春野 | 2·25·58 |
| 5 | 森　町 | 2·26·01 |
| 6 | 浜松市雄踏 | 2·26·17 |
| 7 | 富士川町 | 2·27·05 |
| 8 | 袋井市浅羽 | 2·27·41 |
| 9 | 新居町 | 2·27·54 |
| 10 | 磐田市豊岡 | 2·28·05 |
| 11 | 清水町 | 2·28·42 |
| 12 | 浜松市舞阪 | 2·29·30 |
| 13 | 磐田市竜洋 | 2·30·16 |
| 14 | 東伊豆町 | 2·30·22 |
| 15 | 岡部町 | 2·30·55 |
| 16 | 西伊豆町 | 2·31·16 |
| 17 | 南伊豆町 | 2·31·19 |
| 18 | 河津町 | 2·31·23 |
| 19 | 小山町 | 2·31·42 |
| 20 | 吉田町 | 2·32·07 |
| 21 | 磐田市豊田 | 2·32·42 |
| 22 | 川根本町 | 2·32·54 |
| 23 | 浜松市佐久間 | 2·33·07 |
| 24 | 磐田市福田 | 2·33·18 |
| 25 | 芝川町 | 2·33·39 |
| 26 | 浜松市三ケ日 | 2·34·41 |
| 27 | 松崎町 | 2·34·57 |
| 28 | 由比町 | 2·36·41 |
| 29 | 大井川町 | 2·37·30 |
| 30 | 蒲原町 | 2·39·16 |
| 31 | 川根町 | 2·39·23 |

## 第17回 2016年

### ●市の部

| 順位 | チーム | 総合記録 |
|---|---|---|
| 1 | 浜松市西部 | 2·11·07 |
| 2 | 御殿場市 | 2·13·14 |
| 3 | 浜松市北部 | 2·13·18 |
| 4 | 静岡市静岡A | 2·13·22 |
| 5 | 磐田市 | 2·14·53 |
| 6 | 浜松市中央 | 2·15·07 |
| 7 | 裾野市 | 2·15·41 |
| 8 | 富士市 | 2·16·29 |
| 9 | 三島市 | 2·17·31 |
| 10 | 湖西市 | 2·18·19 |
| 11 | 藤枝市 | 2·18·58 |
| 12 | 沼津市 | 2·19·20 |
| 13 | 静岡市静岡B | 2·19·22 |
| 14 | 富士宮市 | 2·19·24 |
| 15 | 静岡市清水 | 2·19·44 |
| 16 | 牧之原市 | 2·19·51 |
| 17 | 掛川市 | 2·20·08 |
| 18 | 袋井市 | 2·21·57 |
| 19 | 島田市 | 2·22·07 |
| 20 | 焼津市 | 2·22·26 |
| 21 | 菊川市 | 2·22·52 |
| 22 | 熱海市 | 2·24·49 |
| 23 | 伊東市 | 2·27·08 |
| 24 | 御前崎市 | 2·27·33 |
| 25 | 伊豆の国市 | 2·27·58 |
| 26 | 下田市 | 2·30·34 |
| 27 | 伊豆市 | 2·31·50 |

### ●町の部

| 順位 | チーム | 総合記録 |
|---|---|---|
| 1 | 小山町 | 2·18·46 |
| 2 | 函南町 | 2·19·38 |
| 3 | 清水町 | 2·20·40 |
| 4 | 長泉町 | 2·21·51 |
| 5 | 吉田町 | 2·25·35 |
| 6 | 森　町 | 2·27·18 |
| 7 | 松崎町 | 2·30·14 |
| 8 | 東伊豆町 | 2·31·38 |
| 9 | 西伊豆町 | 2·32·20 |
| 10 | 河津町 | 2·33·38 |
| 11 | 南伊豆町 | 2·34·16 |
| 12 | 川根本町 | 2·35·18 |

## 第16回 2015年

### ●市の部

| 順位 | チーム | 総合記録 |
|---|---|---|
| 1 | 浜松市北部 | 2·12·09 |
| 2 | 浜松市西部 | 2·14·39 |
| 3 | 御殿場市 | 2·14·52 |
| 4 | 富士市 | 2·14·53 |
| 5 | 浜松市中央 | 2·15·30 |
| 6 | 静岡市静岡A | 2·15·31 |
| 7 | 藤枝市 | 2·16·26 |
| 8 | 磐田市 | 2·17·35 |
| 9 | 沼津市 | 2·18·03 |
| 10 | 裾野市 | 2·18·03 |
| 11 | 富士宮市 | 2·18·19 |
| 12 | 静岡市清水 | 2·18·23 |
| 13 | 静岡市静岡B | 2·18·40 |
| 14 | 三島市 | 2·19·26 |
| 15 | 牧之原市 | 2·19·29 |
| 16 | 湖西市 | 2·19·38 |
| 17 | 島田市 | 2·20·44 |
| 18 | 焼津市 | 2·22·27 |
| 19 | 袋井市 | 2·23·47 |
| 20 | 菊川市 | 2·23·53 |
| 21 | 伊東市 | 2·24·47 |
| 22 | 熱海市 | 2·25·22 |
| 23 | 御前崎市 | 2·26·13 |
| 24 | 掛川市 | 2·27·04 |
| 25 | 伊豆の国市 | 2·27·06 |
| 26 | 伊豆市 | 2·31·27 |
| 27 | 下田市 | 2·32·39 |

### ●町の部

| 順位 | チーム | 総合記録 |
|---|---|---|
| 1 | 函南町 | 2·17·11 |
| 2 | 小山町 | 2·20·00 |
| 3 | 清水町 | 2·20·32 |
| 4 | 森　町 | 2·22·30 |
| 5 | 長泉町 | 2·24·39 |
| 6 | 河津町 | 2·27·05 |
| 7 | 松崎町 | 2·28·05 |
| 8 | 吉田町 | 2·28·51 |
| 9 | 南伊豆町 | 2·30·52 |
| 10 | 東伊豆町 | 2·32·00 |
| 11 | 西伊豆町 | 2·33·10 |
| 12 | 川根本町 | 2·34·59 |

## 第15回 2014年

### ●市の部

| 順位 | チーム | 総合記録 |
|---|---|---|
| 1 | 浜松市西部 | 2·11·58 |
| 2 | 浜松市北部 | 2·14·34 |
| 3 | 御殿場市 | 2·15·39 |
| 4 | 浜松市中央 | 2·16·11 |
| 5 | 富士市 | 2·16·22 |
| 6 | 静岡市静岡A | 2·16·59 |
| 7 | 富士宮市 | 2·17·32 |
| 8 | 藤枝市 | 2·17·53 |
| 9 | 磐田市 | 2·18·05 |
| 10 | 静岡市静岡B | 2·18·16 |
| 11 | 裾野市 | 2·18·26 |
| 12 | 島田市 | 2·18·58 |
| 13 | 静岡市清水 | 2·20·27 |
| 14 | 牧之原市 | 2·20·35 |
| 15 | 掛川市 | 2·21·14 |
| 16 | 沼津市 | 2·21·48 |
| 17 | 湖西市 | 2·21·53 |
| 18 | 三島市 | 2·22·10 |
| 19 | 伊東市 | 2·23·20 |
| 20 | 袋井市 | 2·24·25 |
| 21 | 焼津市 | 2·26·12 |
| 22 | 菊川市 | 2·26·14 |
| 23 | 御前崎市 | 2·26·41 |
| 24 | 伊豆の国市 | 2·26·56 |
| 25 | 伊豆市 | 2·29·21 |
| 26 | 下田市 | 2·30·40 |
| 27 | 熱海市 | 2·31·14 |
|  | 会津若松市 | 2·17·37 |

### ●町の部

| 順位 | チーム | 総合記録 |
|---|---|---|
| 1 | 小山町 | 2·16·57 |
| 2 | 函南町 | 2·18·18 |
| 3 | 長泉町 | 2·19·24 |
| 4 | 清水町 | 2·22·40 |
| 5 | 吉田町 | 2·24·07 |
| 6 | 森　町 | 2·27·26 |
| 7 | 松崎町 | 2·28·21 |
| 8 | 河津町 | 2·31·21 |
| 9 | 東伊豆町 | 2·32·28 |
| 10 | 川根本町 | 2·34·14 |
| 11 | 南伊豆町 | 2·35·04 |
| 12 | 西伊豆町 | 2·40·49 |

| 順位 | チーム | 総合記録 |
|---|---|---|
| 18 | 三島市 | 2·24·57 |
| 19 | 牧之原市 | 2·24·58 |
| 20 | 伊東市 | 2·25·32 |
| 21 | 御前崎市 | 2·27·53 |
| 22 | 焼津市 | 2·28·02 |
| 23 | 伊豆の国市 | 2·29·27 |
| 24 | 伊豆市 | 2·29·33 |
| 25 | 掛川市 | 2·30·23 |
| 26 | 熱海市 | 2·31·07 |
| 27 | 下田市 | 2·31·25 |

### ●町の部

| 順位 | チーム | 総合記録 |
|---|---|---|
| 1 | 長泉町 | 新 2·18·18 |
| 2 | 函南町 | 2·20·32 |
| 3 | 小山町 | 2·20·49 |
| 4 | 吉田町 | 2·21·24 |
| 5 | 清水町 | 2·22·42 |
| 6 | 森　町 | 新 2·25·22 |
| 7 | 松崎町 | 新 2·29·58 |
| 8 | 東伊豆町 | 新 2·30·48 |
| 9 | 河津町 | 新 2·31·17 |
| 10 | 川根本町 | 2·32·02 |
| 11 | 南伊豆町 | 2·32·09 |
| 12 | 西伊豆町 | 2·34·49 |

## 第14回 2013年

### ●市の部

| 順位 | チーム | 総合記録 |
|---|---|---|
| 1 | 浜松市西部 | 2·11·17 |
| 2 | 御殿場市 | 2·13·01 |
| 3 | 富士市 | 2·14·32 |
| 4 | 浜松市北部 | 2·14·33 |
| 5 | 浜松市中央 | 2·14·37 |
| 6 | 藤枝市 | 2·16·00 |
| 7 | 富士宮市 | 2·17·08 |
| 8 | 静岡市静岡A | 2·17·36 |
| 9 | 島田市 | 2·17·42 |
| 10 | 磐田市 | 2·18·49 |
| 11 | 静岡市清水 | 2·18·58 |
| 12 | 湖西市 | 2·20·03 |
| 13 | 牧之原市 | 2·21·27 |
| 14 | 三島市 | 2·21·29 |
| 15 | 静岡市静岡B | 2·21·55 |
| 16 | 裾野市 | 2·22·09 |
| 17 | 焼津市 | 2·23·10 |
| 18 | 菊川市 | 2·23·15 |
| 19 | 掛川市 | 2·24·34 |
| 20 | 伊豆市 | 2·26·13 |
| 21 | 伊東市 | 2·26·16 |
| 22 | 伊豆の国市 | 2·27·08 |
| 23 | 沼津市 | 2·27·33 |
| 24 | 袋井市 | 2·28·58 |
| 25 | 熱海市 | 2·29·15 |
| 26 | 御前崎市 | 2·30·04 |
| 27 | 下田市 | 2·31·54 |

### ●町の部

| 順位 | チーム | 総合記録 |
|---|---|---|
| 1 | 小山町 | 2·16·48 |
| 2 | 長泉町 | 2·18·20 |
| 3 | 函南町 | 2·20·00 |
| 4 | 清水町 | 2·23·28 |
| 5 | 吉田町 | 2·24·41 |
| 6 | 松崎町 | 2·25·41 |
| 7 | 森　町 | 2·28·16 |
| 8 | 南伊豆町 | 2·30·47 |
| 9 | 東伊豆町 | 2·33·24 |
| 10 | 川根本町 | 2·33·40 |
| 11 | 河津町 | 2·34·31 |
| 12 | 西伊豆町 | 2·37·00 |

| 順位 | チーム | 総合記録 |
|---|---|---|
| 10 | 河津町 | 2·33·50 |
| 11 | 南伊豆町 | 2·34·44 |
| 12 | 川根本町 | 2·35·48 |
| 13 | 西伊豆町 | 2·37·29 |

## 第12回 2011年

### ●市の部

| 順位 | チーム | 総合記録 |
|---|---|---|
| 1 | 浜松市西部 | 2·13·15 |
| 2 | 静岡市静岡A | 2·16·03 |
| 3 | 藤枝市 | 2·16·13 |
| 4 | 富士市 | 2·16·15 |
| 5 | 浜松市北部 | 2·17·05 |
| 6 | 御殿場市 | 2·17·20 |
| 7 | 浜松市中央 | 2·18·19 |
| 8 | 湖西市 | 2·19·31 |
| 9 | 富士宮市 | 2·19·38 |
| 10 | 磐田市 | 2·20·11 |
| 11 | 静岡市清水 | 2·20·54 |
| 12 | 三島市 | 2·21·35 |
| 13 | 沼津市 | 2·22·14 |
| 14 | 島田市 | 2·22·29 |
| 15 | 裾野市 | 2·22·38 |
| 16 | 菊川市 | 2·22·55 |
| 17 | 静岡市静岡B | 2·23·29 |
| 18 | 袋井市 | 2·23·57 |
| 19 | 牧之原市 | 2·24·22 |
| 20 | 伊豆の国市 | 2·24·56 |
| 21 | 焼津市 | 2·26·38 |
| 22 | 伊東市 | 2·28·02 |
| 23 | 下田市 | 2·28·09 |
| 24 | 御前崎市 | 2·29·05 |
| 25 | 掛川市 | 2·30·46 |
| 26 | 熱海市 | 2·31·02 |
| 27 | 伊豆市 | 2·31·45 |

### ●町の部

| 順位 | チーム | 総合記録 |
|---|---|---|
| 1 | 長泉町 | 2·23·11 |
| 2 | 函南町 | 2·23·35 |
| 3 | 小山町 | 2·23·52 |
| 4 | 吉田町 | 2·24·10 |
| 5 | 森　町 | 2·24·54 |
| 6 | 松崎町 | 2·25·09 |
| 7 | 清水町 | 2·27·46 |
| 8 | 河津町 | 2·28·59 |
| 9 | 南伊豆町 | 2·32·17 |
| 10 | 西伊豆町 | 2·33·58 |
| 11 | 東伊豆町 | 2·34·39 |
| 12 | 川根本町 | 2·35·40 |

## 第13回 2012年

### ●市の部

| 順位 | チーム | 総合記録 |
|---|---|---|
| 1 | 浜松市西部 | 2·13·29 |
| 2 | 浜松市北部 | 2·15·34 |
| 3 | 浜松市中央 | 2·15·43 |
| 4 | 御殿場市 | 2·16·07 |
| 5 | 富士市 | 2·16·59 |
| 6 | 藤枝市 | 2·18·40 |
| 7 | 静岡市清水 | 2·19·02 |
| 8 | 富士宮市 | 2·19·24 |
| 9 | 静岡市静岡A | 2·19·49 |
| 10 | 磐田市 | 2·20·28 |
| 11 | 島田市 | 2·21·05 |
| 12 | 裾野市 | 2·21·18 |
| 13 | 沼津市 | 2·22·20 |
| 14 | 湖西市 | 2·22·47 |
| 15 | 静岡市静岡B | 2·23·47 |
| 16 | 菊川市 | 2·24·26 |
| 17 | 袋井市 | 2·24·42 |

## 第20回　2019年

### ●市の部

| 順位 | チーム | 総合記録 |
|---|---|---|
| 1 | 御殿場市 | 2·09·29 |
| 2 | 静岡市静岡 | 2·12·22 |
| 3 | 浜松市西部 | 2·12·49 |
| 4 | 富士市 | 2·13·10 |
| 5 | 浜松市中央 | 2·13·25 |
| 6 | 浜松市北部 | 2·13·36 |
| 7 | 島田市 | 2·15·11 |
| 8 | 富士宮市 | 2·15·21 |
| 9 | 磐田市 | 2·16·16 |
| 10 | 裾野市 | 2·16·29 |
| 11 | 湖西市 | 2·18·11 |
| 12 | 静岡市清水 | 2·18·39 |
| 13 | 沼津市 | 2·19·02 |
| 14 | 藤枝市 | 2·19·14 |
| 15 | 焼津市 | 2·19·32 |
| 16 | 袋井市 | 2·20·44 |
| 17 | 牧之原市 | 2·20·55 |
| 18 | 伊東市 | 2·21·22 |
| 19 | 菊川市 | 2·21·36 |
| 20 | 掛川市 | 2·21·52 |
| 21 | 熱海市 | 2·21·54 |
| 22 | 伊豆の国市 | 2·25·04 |
| 23 | 御前崎市 | 2·25·14 |
| 24 | 下田市 | 2·26·57 |
| 25 | 三島市 | 2·28·00 |
| 26 | 伊豆市 | 2·29·42 |

### ●町の部

| 順位 | チーム | 総合記録 |
|---|---|---|
| 1 | 清水町 | 2·17·13 |
| 2 | 吉田町 | 2·17·26 |
| 3 | 函南町 | 2·18·13 |
| 4 | 小山町 | 2·19·06 |
| 5 | 長泉町 | 2·21·10 |
| 6 | 森　町 | 2·26·45 |
| 7 | 河津町 | 2·29·25 |
| 8 | 川根本町 | 2·29·54 |
| 9 | 西伊豆町 | 2·30·07 |
| 10 | 南伊豆町 | 2·32·15 |
| 11 | 松崎町 | 2·34·47 |
| 12 | 東伊豆町 | 2·36·42 |

## 第19回　2018年

### ●市の部

| 順位 | チーム | 総合記録 |
|---|---|---|
| 1 | 御殿場市 | 新 2·11·44 |
| 2 | 静岡市静岡 | 2·13·31 |
| 3 | 富士市 | 2·13·49 |
| 4 | 浜松市北部 | 2·15·12 |
| 5 | 浜松市西部 | 2·15·13 |
| 6 | 磐田市 | 2·15·45 |
| 7 | 裾野市 | 2·15·50 |
| 8 | 浜松市中央 | 2·17·24 |
| 9 | 三島市 | 2·18·12 |
| 10 | 湖西市 | 2·18·34 |
| 11 | 富士宮市 | 2·19·27 |
| 12 | 島田市 | 2·19·27 |
| 13 | 沼津市 | 2·19·30 |
| 14 | 袋井市 | 2·20·46 |
| 15 | 静岡市清水 | 2·21·06 |
| 16 | 焼津市 | 2·21·51 |
| 17 | 牧之原市 | 2·22·08 |
| 18 | 菊川市 | 2·22·12 |
| 19 | 藤枝市 | 2·22·48 |
| 20 | 掛川市 | 2·23·13 |
| 21 | 伊豆の国市 | 2·24·24 |
| 22 | 熱海市 | 2·24·36 |
| 23 | 伊東市 | 2·24·55 |
| 24 | 御前崎市 | 2·28·54 |
| 25 | 伊豆市 | 2·31·04 |
| 26 | 下田市 | 2·31·31 |

### ●町の部

| 順位 | チーム | 総合記録 |
|---|---|---|
| 1 | 函南町 | 新 2·16·30 |
| 2 | 清水町 | 2·21·36 |
| 3 | 吉田町 | 2·21·54 |
| 4 | 長泉町 | 2·22·03 |
| 5 | 小山町 | 2·22·27 |
| 6 | 河津町 | 2·27·56 |
| 7 | 森　町 | 2·28·33 |
| 8 | 松崎町 | 2·31·04 |
| 9 | 川根本町 | 2·32·17 |
| 10 | 西伊豆町 | 2·32·43 |
| 11 | 東伊豆町 | 2·32·47 |
| 12 | 南伊豆町 | 2·33·58 |

## 第18回　2017年

### ●市の部

| 順位 | チーム | 総合記録 |
|---|---|---|
| 1 | 浜松市北部 | 2·12·39 |
| 2 | 富士市 | 2·13·16 |
| 3 | 浜松市西部 | 2·13·23 |
| 4 | 静岡市静岡A | 2·14·08 |
| 5 | 磐田市 | 2·14·21 |
| 6 | 浜松市中央 | 2·14·27 |
| 7 | 御殿場市 | 2·15·01 |
| 8 | 湖西市 | 2·15·11 |
| 9 | 沼津市 | 2·17·13 |
| 10 | 三島市 | 2·17·52 |
| 11 | 裾野市 | 2·18·09 |
| 12 | 藤枝市 | 2·18·56 |
| 13 | 富士宮市 | 2·19·03 |
| 14 | 静岡市静岡B | 2·19·04 |
| 15 | 島田市 | 2·20·00 |
| 16 | 牧之原市 | 2·20·17 |
| 17 | 静岡市清水 | 2·20·56 |
| 18 | 袋井市 | 2·21·03 |
| 19 | 焼津市 | 2·21·14 |
| 20 | 掛川市 | 2·21·38 |
| 21 | 熱海市 | 2·22·18 |
| 22 | 伊東市 | 2·23·04 |
| 23 | 菊川市 | 2·24·18 |
| 24 | 伊豆の国市 | 2·26·19 |
| 25 | 御前崎市 | 2·27·18 |
| 26 | 伊豆市 | 2·28·11 |
| 27 | 下田市 | 2·30·17 |

### ●町の部

| 順位 | チーム | 総合記録 |
|---|---|---|
| 1 | 函南町 | 2·18·43 |
| 2 | 長泉町 | 2·19·55 |
| 3 | 清水町 | 2·20·43 |
| 4 | 小山町 | 2·21·32 |
| 5 | 吉田町 | 2·26·34 |
| 6 | 河津町 | 2·27·54 |
| 7 | 川根本町 | 2·30·51 |
| 8 | 松崎町 | 2·31·17 |
| 9 | 森　町 | 2·31·40 |
| 10 | 南伊豆町 | 2·33·14 |
| 11 | 東伊豆町 | 2·33·18 |
| 12 | 西伊豆町 | 2·34·21 |

## 歴代優勝チーム

※第6回大会までは町村の部

※○数字は優勝回数　◎大会新　◯大会タイ

|  |  |  |  |
|---|---|---|---|
| 第1回 | 【市の部】 | 富士市 | 2時間16分12秒 |
| | 【町村の部】 | 浅羽町 | 2時間23分54秒 |
| 第2回 | 【市の部】 | 静岡市 | ◎2時間15分34秒 |
| | 【町村の部】 | 長泉町 | ◎2時間22分32秒 |
| 第3回 | 【市の部】 | 御殿場市 | 2時間16分10秒 |
| | 【町村の部】 | ②長泉町 | ◎2時間22分27秒 |
| 第4回 | 【市の部】 | 浜松市 | ◯2時間15分34秒 |
| | 【町村の部】 | 森　町 | ◎2時間22分07秒 |
| 第5回 | 【市の部】 | 浜松市 | ◎2時間14分48秒 |
| | 【町村の部】 | 函南町 | ◎2時間19分47秒 |
| 第6回 | 【市の部】 | ②御殿場市 | 2時間15分07秒 |
| | 【町村の部】 | ③長泉町 | ◎2時間19分28秒 |
| 第7回 | 【市の部】 | ②静岡市静岡 | 2時間15分13秒 |
| | 【町の部】 | ②函南町 | 2時間21分07秒 |
| 第8回 | 【市の部】 | 浜松市中央 | 2時間15分20秒 |
| | 【町の部】 | 新居町 | 2時間19分36秒 |
| 第9回 | 【市の部】 | 浜松市西部 | 2時間17分04秒 |
| | 【町の部】 | ④長泉町 | 2時間21分21秒 |
| 第10回 | 【市の部】 | ③静岡市静岡A | 2時間16分17秒 |
| | 【町の部】 | ⑤長泉町 | ◎2時間19分06秒 |
| 第11回 | 【市の部】 | ②浜松市西部 | 2時間14分44秒 |
| | 【町の部】 | ⑥長泉町 | 2時間20分37秒 |
| 第12回 | 【市の部】 | ③浜松市西部 | 2時間13分15秒 |
| | 【町の部】 | ⑦長泉町 | 2時間23分11秒 |
| 第13回 | 【市の部】 | ④浜松市西部 | 2時間13分29秒 |
| | 【町の部】 | ⑧長泉町 | ◎2時間18分18秒 |
| 第14回 | 【市の部】 | ⑤浜松市西部 | 2時間11分17秒 |
| | 【町の部】 | 小山町 | 2時間16分48秒 |
| 第15回 | 【市の部】 | ⑥浜松市西部 | 2時間11分58秒 |
| | 【町の部】 | ②小山町 | 2時間16分57秒 |
| 第16回 | 【市の部】 | 浜松市北部 | 2時間12分09秒 |
| | 【町の部】 | ③函南町 | 2時間17分11秒 |
| 第17回 | 【市の部】 | ⑦浜松市西部 | 2時間11分07秒 |
| | 【町の部】 | ③小山町 | 2時間18分46秒 |
| 第18回 | 【市の部】 | ②浜松市北部 | 2時間12分39秒 |
| | 【町の部】 | ④函南町 | 2時間18分43秒 |
| 第19回 | 【市の部】 | ③御殿場市 | ◎2時間11分44秒 |
| | 【町の部】 | ⑤函南町 | ◎2時間16分30秒 |
| 第20回 | 【市の部】 | ④御殿場市 | 2時間09分29秒 |
| | 【町の部】 | 清水町 | 2時間17分13秒 |
| 第21回 | 【市の部】 | 浜松市北部 | 2時間10分49秒 |
| | 【町の部】 | ②清水町 | ◎2時間14分59秒 |